왕초보 중국어
28일만에
완전절친
되기

왕초보 중국어
28일만에
완전절친
되기

초판 1쇄 인쇄 2014년 4월 21일
초판2쇄 발행 2015년 9월 28일

지은이 : 정명숙
발행인 : 김용부
발행처 : 글로벌 문화원
주소 : 서울시 종로구 관철동 11-19 글로벌 빌딩 5층
대표전화 : 02) 569-6969, 02) 568-6969
팩스 : 02) 753-6969
홈페이지 : http://www.globalbooks.co.kr
등록번호 : 제 2-407
등록일자 : 1987년 12월 15일

기획총괄 : 이경헌
편집진행 : 길노을
디자인 : Nineflux
일러스트 : 유재영

ISBN 978-89-8233-185-5 13720

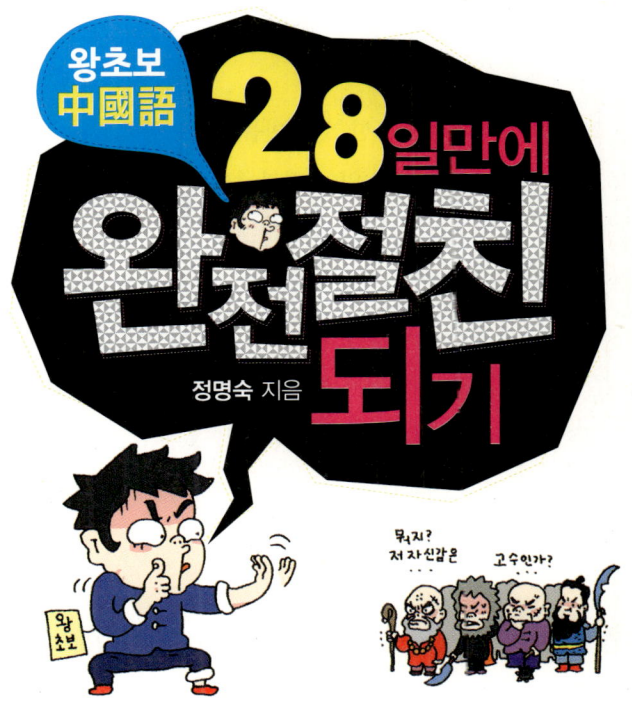

왕초보 中國語

28일만에
완전절친 되기

정명숙 지음

글로벌문화원

들어가는 말

외국어 학습에서 가장 중요한 것은 발음, 어휘, 문법입니다. 스포츠에서도 기본기를 갖춰야 머지 않아 경기에서 우승할 수 있는 실력을 갖출 수 있듯, 언어에 있어서도 위와 같은 기본기를 착실히 다져야 왕초보 단계를 벗어나 진정한 실력자가 될 수 있습니다. 외국어 학습인만큼 해당 언어의 발음도 중요하지만 발음만 그럴싸하고 더욱 중요한 어휘, 문법 실력이 모자라다면 진정한 실력자라 할 수 없습니다. 중국어 학습 또한, 꾸준히 익히고 복습하는 과정을 통해 발음, 어휘 문법 실력을 쌓아 가는 것만이 읽고 쓰는 것은 물론, 능숙한 회화 실력을 기르는 지름길이라 하겠습니다.

《왕초보 중국어 28일만에 완전절친되기》의 장점을 꼽자면, 전체적으로 28일 간의 학습 진도는 중국어 핵심 문법과 표현 학습에 기초를 두되, 실제 학습에 있어서는 지나치게 문법에 얽매이지 않도록 한 점입니다. 즉, 날짜별로 기초 어휘와 핵심 표현을 익히는 과정에서 자연스럽게 문법을 이해해 나갈 수 있도록 하였기에, 처음부터 문법과 씨름하기보다는 실생활에서 접할 수 있는 다양한 표현을 부담없이 익히며 기초를 다져나가는 것이 바람직합니다.

28일만에 중국어를 완전히 마스터한다는 것은 지나친 기대라고 할 수 있겠지만, 이 책을 학습하고 난 뒤라면 적어도 그간 중국어 학습에 엄두를 못 내고 지레 겁을 먹었던 사람들에게는 뿌듯한 성취감과 중국어에 대한 확실한 자신감을 줄 수 있다고 자부합니다. 모쪼록, 28일이라는 기간 내에 이 책의 내용을 꾸준히 학습함으로써 중국어가 여러분 소기의 목적에 도움을 주는 절친한 친구가 되길 바랍니다.

— 저자 정명숙

이 책의 구성과 특징

 하나!

학습 포인트 제시

본 학습에 들어가기 전에 그날 공부할 내용이 무엇인지를 콕콕 집어서 제시해 줍니다.

03 딱 잡고 공부시작!

중국어 문장의 기본 패턴 익히기

벌써 중국어 나흘째. 자 그럼 지금부터 중국어의 기본 패턴을 익혀 볼게요. 먼저 중국어의 가장 기본인 "A는 B입니다."와 그 부정형인 "A는 B가 아닙니다." 그리고 의문형 "A는 B입니까?"을 중국어로 말하게 해 볼까요!

"나는 평진이야" 라고 말하면 뭐냐 한껏 뽐내 봤는데 그건다 범추며 어떡할까! 왜???...

누구나 넌?

뭐라나

	A不是B。 bushì	
"A는 B가 아닙니다."을 중국어로 "A不是B"라고 한다. 긍정형과 마찬가지로 범음할 때 A와 B에 강세를 둔다는 3있만 기억하자		
01 이것은 핑계가 아닙니다.	这不是借口。 Zhè búshì jièkǒu.	
02 이 차는 BMW가 아닙니다.	这车不是宝马。 Zhè chē búshì Bǎomǎ.	
03 그것은 사랑이 아닙니다.	那不是爱情。 Nà búshì àiqíng.	
04 나는 바람둥이가 아닙니다.	我不是花花公子。 Wǒ búshì huāhuāgōngzǐ.	
우리는 워크홀릭이 아닙니다.	我们不是工作狂。 Wǒmen búshì gōngzuòkuáng.	
	他不是上班族。	

아뵤~ 다 덤벼!

모르는척 하자..

왕초보

둘!

한 눈에 쏙~ 들어오는 문법 정리

중국어 왕초보 시절에는 많은 것을 공부해도 다 소화해 낼 수 없으므로 중국어 왕초보 딱지를 떼기 위한 필수 문법들을 핵심만 골라 간결하게 정리해 놓았습니다.

뭐지? 저 자신감은

고수인가?

이게 정말로
기초 자세라구?

완벽해.

셋!
작문을 통해 배운
문법 소화시키기

문법을 배웠다고 그것이 금방 회화 실력으로 이어지는 것은 아닙니다. 자신이
직접 문법을 이용해 문장을 만들어 보지 않으면 온전한 자신의 문법이 될 수가
없습니다. 따라서, 그 과에서 배운 문법을 이용해 작문 연습을 할 수 있게 하였
습니다. 문장은 일상생활에서 쓰이는 쉬운 문장으로 각 과에서 배운 문법만으로
쉽게 표현할 수 있게끔 하여 학습자들로 하여금 학습의 성취감을 느낄 수 있도
록 하였습니다.

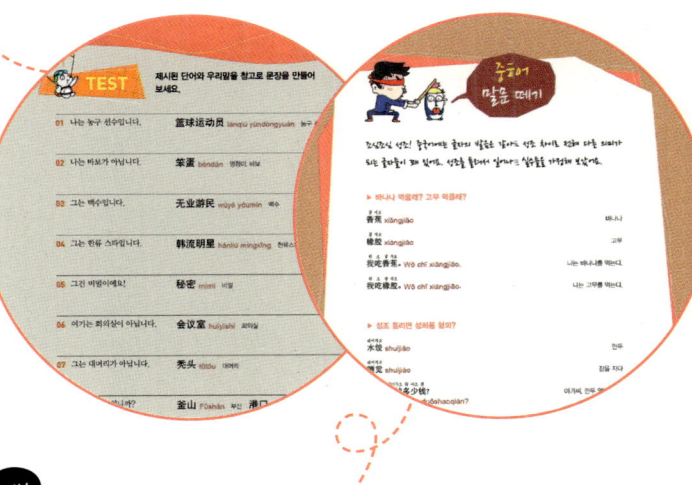

넷!
중국어 말문 떼기

중국어 교육 현장에서 학생들에게 자주 받는 질문에 대한 친절한 대답과 중국
어를 먼저 공부한 선배로서 중국어 정복을 위한 조언과 충고가 되는 내용을 실
었습니다.

CONTENTS

졌다..

이겼다!

중국어 기초 세우기

'중국어'는 중국어로 뭐라고 할까요?

'중국어'를 이르는 명칭은 크게 두 가지를 들 수 있어요.

❶ 汉语 Hànyǔ (한어, 漢語): 중국을 대표하는 한(漢 Hàn) 민족이 쓰는 언어

❷ 普通话 pǔtōnghuà (보통화, 普通話): 널리 보급되는 말

　[뜻풀이] 普: 널리, 通: 보급되는, 话: 말에서 유래.

❸ 또 '중국어'이기 때문에 '中国话 Zhōngguóhuà' 또는 '中文 Zhōngwén'이라고도 할 수 있답니다.

중국어의 사투리와 표준어

중국은 지역마다 언어가 달라요. 중국은 동서남북 지역별로 나누어 7개의 방언(사투리)으로 정리할 수 있어요. 그런데, 이 사투리로 불리는 방언이 거의 외국어 수준이라 같은 중국 사람 끼리도 출신 지역이 다르면 의사소통이 안될 수도 있어요. 그래서 의사소통을 위해 북경어를 기반으로 한 보통화를 표준어로 쓰고 있습니다.

중국어의 특징

중국어의 특징 가운데 가장 두드러진 것은 명사를 세는 단위사의 종류가 매우 많다는 것과 문장 끝에 조사를 사용하여 다양한 어기를 나타낸다는 것을 들 수 있습니다.

단위사 : 一个人 yí ge rén (한 사람)

어기를 나타내는 어기조사 : 你好啊! Nǐ hǎo a! (어머! 안녕하세요?)

한자 읽기

다들 아시겠지만 중국어는 한자로 되어 있어요. 그 많은 한자를 다 어떻게 읽을 수 있겠어요? 사실 중국인들도 평생 다 배우지 못하는 한자가 엄청나게 많습니다. 그래서 한자를 누구나 읽을 수 있게 하기 위해 한자 밑에 알파벳과 같은 발음 기호를 표기한 한어병음을 달아줍니다.

▶ **한어병음**

중국어로는 '汉语拼音 Hànyǔ pīnyīn'이라고 하는데요, 알파벳 형식으로 한자에 대한 발음을 표기한 것으로 중국의 문맹 퇴치와 현대 중국어 보급, 그리고 중국어 국제화에 기여하고 있어요.

한자음 = 성모 + 운모 + 성조

하오
好 hǎo

▶ **성모**

성모와 발음	발음 원리
b [보어], p [포어], m [모어]	입술을 붙였다가 떼면서 내는 소리
f [포어]	윗니로 아랫입술을 살짝 깨물듯 하여 그 틈새로 내는 소리
d [드어], t [트어], n [느어], l [르어]	혀끝으로 내는 소리
g [끄어], k [크어], h [흐어]	혀뿌리로 내는 소리
j [지], q [치], x [시]	혀를 평평하게 하여 마찰시켜 내는 소리
zh [즈], ch [츠], sh [스], r [르]	혀끝을 말아서 입천장에 붙였다가 떼면서 내는 소리
z [쯔], c [츠], s [쓰]	혀끝을 위 잇몸에 붙였다가 떼면서 내는 소리

▶ **운모** : a, o, e, i, u, ü 이 5개의 단운모와 이를 중심으로 조합한 복운모

▶ 한어병음 성모와 운모 구성표

	a	o	e	i	u	ü	ao	ai	an	ang	ou	ong	ei
b	ba	bo			bu		bao	bai	ban	bang			bei
p	pa	po			pu		pao	pai	pan	pang	pou		pei
m	ma	mo	me		mu		mao	mai	man	mang	mou		mei
f	fa	fo			fu			fan	fang	fou			fei
d	da		de		du		dao	dai	dan	dang	dou	dong	dei
t	ta		te		tu		tao	tai	tan	tang	tou	tong	
n	na		ne		nu	nü	nao	nai	nan	nang	nou	nong	nei
l	la		le		lu	lü	lao	lai	lan	lang	lou	long	lei
z	za		ze	zi	zu		zao	zai	zan	zang	zou	zong	zei
c	ca		ce	ci	cu		cao	cai	can	cang	cou	cong	
s	sa		se	si	su		sao	sai	san	sang	sou	song	
zh	zha		zhe	zhi	zhu		zhao	zhai	zhan	zhang	zhou	zhong	zhei
ch	cha		che	chi	chu		chao	chai	chan	chang	chou	chong	
sh	sha		she	shi	shu		shao	shai	shan	shang	shou	shong	shei
r			re	ri	ru		rao		ran	rang	rou	rong	
j					jü								
q					qü								
x					xü								
g	ga		ge		gu		gao	gai	gan	gang	gou	gong	gei
k	ka		ke		ku		kao	kai	kan	kang	kou	kong	kei
h	ha		he		hu		hao	hai	han	hang	hou	hong	hei
	a	o	e		wu	yü	ao	ai	an	ang	ou	ong	ei

	en	eng	er	i	ia	ie	iao	iu (iou)	ian	iang	iong	in
b	ben	beng		bi		bie	biao		bian			bin
p	pen	peng		pi		pie	piao		pian			pin
m	men	meng		mi		mie	miao	miu	mian			min
f	fen	feng										
d	den	deng		di		die	diao	diu	dian			
t		teng		ti		tie	tiao		tian			
n	nen	neng		ni		nie	niao	niu	nian	niang		nin
l		leng		li	lia	lie	liao	liu	lian	liang		lin
z	zen	zeng										
c	cen	ceng										
s	sen	seng										
zh	zhen	zheng										
ch	chen	cheng										
sh	shen	sheng										
r	ren	reng										
j				ji	jia	jie	jiao	jiu	jian	jiang	jiong	jin
q				qi	qia	qie	qiao	qiu	qian	qiang	qiong	qin
x				xi	xia	xie	xiao	xiu	xian	xiang	xiong	xin
g	gen	geng										
k	ken	keng										
h	hen	heng										
	en	eng	er	yi	ya	ye	yao	you	yan	yang	yong	yin

	ing	ua	uo	uai	uan	uang	ui (uei)	un (uen)	ueng	üe	üan	ün
b	bing											
p	ping											
m	ming											
f												
d	ding		duo		duan		dui	dun				
t	ting		tuo		tuan		tui	tun				
n	ning		nuo		nuan					nüe		
l	ling		luo		luan			lun		lüe		
z			zuo		zuan		zui	zun				
c			cuo		cuan		cui	cun				
s			suo		suan		sui	sun				
zh		zhua	zhuo	zhuai	zhuan	zhuang	zhui	zhun				
ch		chua	chuo	chuai	chuan	chuang	chui	chun				
sh		shua	shuo	shuai	shuan	shuang	shui	shun				
r		rua	ruo		ruan		rui	run				
j	jing									jue	juan	jun
q	qing									que	quan	qun
x	xing									xue	xuan	xun
g		gua	guo	guai	guan	guang	gui	gun				
k		kua	kuo	kuai	kuan	kuang	kui	kun				
h		hua	huo	huai	huan	huang	hui	hun				
	ying	wa	wo	wai	wan	wang	wei	wen	weng	yue	yuan	yun

▶ **성조를 음으로 표시해 보아요!**

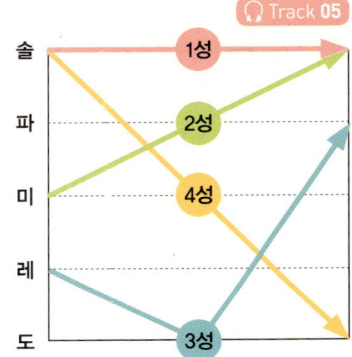

1성	[솔—솔]	mā
2성	[미—솔]	má
3성	[레—도—파]	mǎ
4성	[솔—도]	mà
경성	[가볍게]	ma

▶ **성조 표시는 어디에 할까?**

❶ 운모가 하나밖에 없으면 운모 위에

　마
　妈 mā 엄마

❷ 운모가 두 개 이상이면 입이 크게 벌어지는 순서대로 (a 〉 o 〉 e 〉 i 〉 u 〉 ü)

　짜오
　早 zǎo 일찍, 이르다

❸ i와 u가 나란히 있으면 뒤에 있는 운모 위에

　주　　　　쭈이
　酒 jiǔ 술, 最 zuì 제일

▶ **발음이 같아도 성조에 따라 뜻이 달라져요!**

성조 틀리면 망신! 망신! 망신!

원 워　　　　　　　　　　　　　　원 워
吻我。 Wěn wǒ. 저에게 키스해 줘요.　　问我。 Wèn wǒ. 저에게 질문하세요.

▶ **성조의 변화**

3성이 두 개 연달아 있으면

니 하오　　　　　　　　　　　　　　　제이 워
你好! Nǐ hǎo! → Ní hǎo! 안녕하세요!　　给我。 Gěi wǒ. → Géi wǒ. 저에게 주세요.

3성이 세 개 연달아 있으면

워　　칭 니
我 / 请你。 Wǒ qǐng nǐ. → Wǒ qíng nǐ. 내가 한 턱 낼게.

주 주　　뱌오
九九 / 表 jiǔ jiǔ biǎo → jiú jiú biǎo 구구단

▶ **'一' 의 발음**

숫자로 읽을 때는 yī 1성으로, '一' 다음에 1, 2, 3성 글자가 오면 yì 4성으로 읽어요. 그런데
4성과 경성 글자 앞에서는 yí 2성으로 읽어야 해요.

一天 yì tiān 하루

一样 yíyàng 같다

一个 yí ge 한 개

▶ **'不'의 발음**

단독으로 읽거나 다른 성조 글자와 만날 때 bù와 같이 4성으로, 그런데 4성 글자 앞에서
는 '不(아니다)'를 2성으로 발음해야 해요.

不好 bù hǎo 싫다

不去 bú qù 가지 않다

▶ **중국어 말하기 학습방법**

중국어를 공부할 때 단어나 문장을 억지로 암기하는 것보다는 한자와 한어병음을 번갈아
보고 소리 내어 5번 이상 읽으면서 눈과 입으로 익히는 방식이 가장 효과적입니다. 특히,
입을 크게 벌려 말하고 감정을 이입해서 발음하는 습관을 길러야 합니다. 그렇게 해야 읽
고 쓰는 것 외에 입으로 말하는 중국어 실력을 쌓을 수 있답니다.

Day 01

맘 잡고 공부시작!

예의 바르게 인사하고 대답하기

공부 시작 첫날! 중국어가 어렵다고들 하지만 기본 패턴만 익히면 말하는 건
"没问题 méi wèntí – 노프러블럼"** 어려운 문법은 돌라도 된다! 물론 **'스마일**
微笑 wēixiào – 미소'라는 '**보디랭귀지** 肢体语言 zhītǐ yǔyán – 지체언어'가 있
지만, 일상적인 기본 표현과 인사말은 알아야 기본이죠? 문법에서 벗어나 일상
적인 표현들을 통째로 외워서 당당하게, 뻔뻔하게 그러면서도 예의바르게 사용
해 봅시다.

예의 바르게 인사하기

🎧 Track 06

01 안녕하세요!
니 하오
你好!
Nǐ hǎo!

02 만나서 반갑습니다.
헌 가오 싱 런 스 니
很高兴认识你。
Hěn gāoxìng rènshi nǐ.

03 뵙게 되어 기쁩니다.
젠 다오 니 헌 가오 싱
见到你很高兴。
Jiàndào nǐ hěn gāoxìng.

04 만나서 반갑습니다!
(직역: 뵙게 되어 영광입니다!)
싱 후이
幸会!
Xìnghuì!

05 존함을 익히 들었습니다!
(반갑습니다!)
주 양 주 양
久仰久仰!
Jiǔyǎng jiǔyǎng!

06 많이 돌봐주세요!
(가르쳐주세요!)
칭 둬 둬 관 자오 (즈 자오)
请多多关照! (指教)
Qǐng duōduō guānzhào! (zhǐjiào)

07 오랜만입니다.
하오 주 부 젠
好久不见!
Hǎo jiǔ bú jiàn!

08 덕분입니다.
취안 스 퉈 닌 더 푸
全是托您的福。
Quán shì tuō nín de fú.

09 안녕하세요!(아침인사)
짜오 상 하오
早上好!
Zǎoshang hǎo!

10 안녕하세요!(저녁인사)
샤 우 하오
下午好!
Xiàwǔ hǎo!

11 안녕히 주무세요!
완 안
晚安!
Wǎn'ān!

12 고맙습니다!

세 세
谢谢!
Xièxie!

13 천만에요!

부 커 치 　 부 용 세
不客气! = 不用谢!
Bú kèqi! = Bú yòng xiè!

14 미안합니다!

부 하오 이 쓰 　 두이 부 치
不好意思! = 对不起!
Bù hǎo yìsi! = Duìbuqǐ!

15 괜찮습니다!

메이 관 시
没关系!
Méi guānxi!

16 실례합니다.

다 라오 이 샤
打扰一下。
Dǎrǎo yíxià.

17 들어오세요!(앉으세요!)

칭 진 　 (쭤)
请进! (坐)
Qǐngjìn! (zuò)

18 축하합니다!

공 시 니
恭喜你!
Gōngxǐ nǐ!

19 생일 축하합니다!

주 니 성 르 콰이 러
祝你生日快乐!
Zhù nǐ shēngrì kuàilè!

20 또 뵙겠습니다!

짜이 젠
再见!
Zàijiàn!

21 내일 뵙겠습니다!

밍 톈 젠
明天见!
Míngtiān jiàn!

22 이따가 봐요!

이 훨 젠
一会儿见!
Yíhuìr jiàn!

23	수고하셨습니다.	^{(닌) 신 쿠 러} (您)辛苦了。 Nín) xīnkǔ le.
24	조심히 들어가세요!	^{루 상 샤오 신} 路上小心! Lùshang xiǎoxīn!
25	안녕히 가세요!	^{칭 만 쩌우} 请慢走! Qǐng màn zǒu!
26	운전 조심하세요!	^{샤오 신 카이 처} 小心开车! Xiǎoxīn kāi chē!
27	건강 챙기세요!	^{바오 중} 保重! Bǎozhòng!

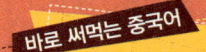
상황에 맞게 응대 · 대답하기

01	잘 있지? (지내지?)	니 하오 마 (궈 더 하오) **你好吗? (过得好)** Nǐ hǎo ma? (guò də hǎo)
02	잘 지냅니다. 감사합니다.	헌 부 춰 셰 셰 **很不错, 谢谢。** Hěn búcuò, xièxie.
03	성함이 어떻게 되세요?	칭 원 쥔 싱 다 밍 **请问, 尊姓大名?** Qǐngwèn, jūnxìng dàmíng?
04	(저는) 왕다칭이라고 합니다.	워 자오 왕 다 칭 **我叫王大庆。** Wǒ jiào Wáng Dàqìng.
05	(당신이) 사장님이세요?	니 스 라오 반 마 **你是老板吗?** Nǐ shì lǎobǎn ma?
06	아닙니다, 저는 아닙니다.	부 워 부 스 **不, 我不是。** Bù, wǒ búshì.
07	감기 나았어요?	니 간 마오하오 러 마 **你感冒好了吗?** Nǐ gǎnmào hǎo le ma?
08	많이 좋아졌어요. 고맙습니다.	하오 둬 러 셰 셰 **好多了。谢谢!** Hǎo duō le. Xièxie!
09	왜 그러세요?	쩐 머 러 **怎么了?** Zěnme le?
10	아무것도 아닙니다.	메이 선 머 **没什么。** Méi shénme.
11	정말이요?	전 더 마 **真的吗?** Zhēnde ma?

12 물론입니다.

당 란 러
当然了。
Dāngrán le.

13 커피 드실래요?

니 허 카 페이 마
你喝咖啡吗?
Nǐ hē kāfēi ma?

14 좋습니다.

하오 더
好的。
Hǎo de.

15 상황을 보고 다시 얘기 하죠.

칸 칭 쾅 짜이 쉬
看情况再说。
Kàn qíngkuàng zài shuō.

16 예, 알겠습니다.

스 더 워 즈 다오 러
是的，我知道了。
Shì de, wǒ zhīdao le.

17 생각해 볼게요.

워 카오 뤼 이 샤
我考虑一下。
Wǒ kǎolǜ yíxià.

18 안됩니다.

부 커 이
不可以。
Bù kěyǐ.

19 싫습니다.

워 부 위안 이
我不愿意。
Wǒ bú yuànyì.

20 저는 잘 모르겠습니다.

워 부 타이 칭 추
我不太清楚。
Wǒ bútài qīngchu.

21 그렇습니까?

스 마
是吗?
Shì ma?

22 예. 그렇습니다.

스 더 스 더
是的。是的。
Shì de. Shì de.

23 그렇군요!

스 아
是啊!
Shì a!

공정과 칭찬의 효과를 비유적으로 나타낸 "칭찬은 고래도 춤추게 한다."는 말이 있죠. 대화 중 상대방에게 공정과 칭찬을 많이 해주면 좋은 인상을 남겨 줄 수 있다고 합니다. 특히 '구체적인 칭찬'은 상대방에게 호감을 주는 대화의 기술로 첫인상과 이미지를 좌우하는 결정적인 요소가 됩니다. 성공에는 전략이 필요하죠. 중국어 칭찬에 관한 표현들을 알아봐요. <사람이 달라보여!> 짧은 표현은 무조건 외웠다가 적재적소에서 짠하고 실력 발휘~

▶ **능력**

01 _{리 하이} 厉害! Lìhai!   대박! 정말 대단하세요!

02 _{페이 푸 페이 푸} 佩服佩服! Pèifu pèifu!   (당신 능력에) 제가 탄복할 정도입니다.

▶ **성격**

03 _{니 더 거 싱 헌 하오} 你的个性很好。Nǐ de gèxìng hěn hǎo.   성격이 정말 좋으세요.

04 _{니 전 유 모} 你真幽默。Nǐ zhēn yōumò.   정말 유머러스하세요.

칭찬을 받았을 때 중국인들은 대부분 칭찬을 수용하지 못하고 쑥스러워합니다. 또 대부분의 중국인들이 칭찬을 받을 때 "_{나리 나리} 哪里哪里 Nǎli nǎli (뭘요!)" 또는 "_{세 세} 谢谢 Xièxie (고마워요!)"라고 대답합니다.

Day 02

맘 잡고 공부시작!

중국어 기본 동사 15개만 외우기

"S+V+O" 구조에 주의합시다! 사람들은 중국어와 영어의 구조가 똑같다고 많이들 얘기합니다. 맞는 말이예요. 그러나 중국어는 알고 보면 S+V+O와 S+O+V의 어순 구조가 공존하는 언어입니다. 그러다보니 영어하고 비슷한 부분도 있지만 우리말과도 유사한 점이 참 많아요. 그건 그렇고, 중국어에서 가장 중요한 품사를 꼽으라면 단연 동사가 으뜸! 종류도 많고 가장 포괄적으로 널리 쓰이기 때문이죠. 공부 시작 이틀째! 오늘은 기본 동사 15개와 친해봐요.

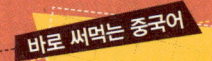

무작정 외우자! 동사 15개!

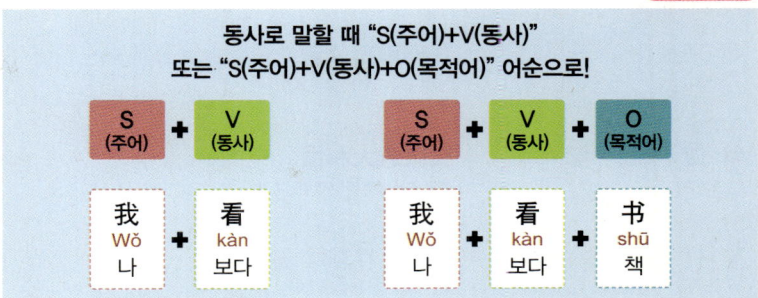

동사로 말할 때 "S(주어)+V(동사)"
또는 "S(주어)+V(동사)+O(목적어)" 어순으로!

S (주어)	+	V (동사)
我 Wǒ 나	+	看 kàn 보다

S (주어)	+	V (동사)	+	O (목적어)
我 Wǒ 나	+	看 kàn 보다	+	书 shū 책

▶ 동작 or 행위를 나타내는 동사

01 칸
看 보다
kàn

타 칸 뎬 잉
他看电影。 그는 영화를 본다.
Tā kàn diànyǐng.

02 팅
听 듣다
tīng

워 팅 인 웨
我听音乐。 나는 음악을 듣는다.
Wǒ tīng yīnyuè.

03 쉬
说 말하다
shuō

타 쉬 화
他说话。 그는 말을 한다.
Tā shuō huà.

04 츠
吃 먹다
chī

워 먼 츠 성 위 펜
我们吃生鱼片。 우리는 회를 먹는다.
Wǒmen chī shēngyúpiàr.

05 허
喝 마시다
hē

타 허 카 페이
他喝咖啡。 그는 커피를 마신다.
Tā hē kāfēi.

06 마이
买 사다
mǎi

타 마이 팡 즈
她买房子。 그녀는 집을 산다.
Tā mǎi fángzi.

07 취
去 가다
qù

타 취 이 위안
他去医院。 그는 병원에 간다.
Tā qù yīyuàn.

08 라이
来 오다
lái

커 후 라이 워 공 쓰
客户来我公司。 바이어가 우리 회사로 온다.
Kèhù lái wǒ gōngsī.

09 쭤
做 만들다, ~를 하다
zuò

워 쭤 이 다 리 몐
我做意大利面。 나는 스파게티를 만든다.
Wǒ zuò yìdàlìmiàn.

10 다
打 때리다, (전화를) 걸다
dǎ

타 다 핑 팡 추
他打乒乓球。 그는 탁구를 친다.
Tā dǎ pīngpāngqiú.

▶ 심리상태를 나타내는 동사

11 즈 다오
知道 알다
zhīdao

워 즈 다오 니 더 신
我知道你的心。 나는 당신 마음을 알아요.
Wǒ zhīdao nǐ de xīn.

12 아이
爱
ài
사랑하다, ~하기를
좋아하다

워 아이 워 자 런
我爱我家人。 나는 내 가족을 사랑합니다.
Wǒ ài wǒ jiārén.

워 아이 츠 푸 타오
我爱吃葡萄。 나는 포도를 즐겨 먹는다.
Wǒ ài chī pútao.
〈'爱'의 경우 목적어 자리에 '吃葡萄'처럼

동사+명사도 가능〉

13 시 환
喜欢
xǐhuan
좋아하다, ~를 즐겨하다

타 시 환 워
他喜欢我。 그는 나를 좋아해요.
Tā xǐhuan wǒ.

타 시 환 칸 슈
他喜欢看书。 그는 독서하는 것을 좋아합니다.
Tā xǐhuan kàn shū.
〈'喜欢'의 경우 목적어 자리에 '看书'처럼

동사+명사도 가능〉

▶ 존재와 소유를 나타내는 동사

14	짜이 **在** ~에 있다 zài	워 먼 짜이 카 페이 관 **我们在咖啡馆。** 우리는 커피숍에 있습니다. Wǒmen zài kāfēi guǎn.	

15	유 **有** 가지고 있다 yǒu	타 유 헌 둬 첸 **他有很多钱。** 그는 많은 돈을 가지고 있다. Tā yǒu hěn duō qián.	

▶ 인칭대명사

단수		복수	
나	워 **我** wǒ	우리들	워 먼 **我们** wǒmen
당신	니 **你** nǐ	당신들	니 먼 **你们** nǐmen
그 (그녀)	타 **他(她)** tā	그들	타 먼 **他们** tāmen
그것 (무생물)	타 **它** tā	그것들	타 먼 **它们** tāmen

▶ 지시대명사(사물)

단수		복수	
이것	제 거 **这个** zhège	이것들	저 세 **这些** zhèxiē
저것	나 거 **那个** nage	저것들	나 세 **那些** nàxiē
어느 것?	나 거 **哪个** něge	어느 것들?	나 세 **哪些** nǎxiē

▶ 지시대명사(장소)

여기	저 리 (절) **这里 (=这儿)** zhèli (=zhèr)
저기	나 리 (날) **那里 (=那儿)** nàli (=nàr)
어디?	나 리 (날) **哪里 (=哪儿)** nǎli (=nǎr)

TEST

제시된 단어와 우리말을 참고로 문장을 만들어 보세요.

01 그는 야동을 본다.　　A片 A piàn 성인 영화물의 줄임말. 야동

02 그는 허풍을 떤다.　　说大话 shuō dàhuà 허풍을 떨다(직역: 허풍을 말하다)

03 그는 야구를 한다.　　打棒球 dǎ bàngqiú 야구를 하다

04 그는 맥주를 마신다.　　啤酒 píjiǔ 맥주

05 나는 자신이 있다.　　信心 xìnxīn 자신감

06 나는 토마토를 먹는다.　　西红柿(=番茄) xīhóngshì(fānqié) 토마토

07 그녀는 매일 옷을 산다.　　天天 tiāntiān 매일　衣服 yīfu 옷

08 그는 지금 중국에 있다.　　现在 xiànzài 지금　中国 Zhōngguó 중국

09 그는 아우디 차를 가지고 있다.　　奥迪车 Àodí chē 아우디 자동차

10 그녀는 초콜릿을 즐겨 먹는다.　　巧克力 qiǎokèlì 초콜릿

Answer

타 칸 펜
01 他看A片。Tā kàn A piàn.

타 쉬 다 화
02 他说大话。Tā shuō dàhuà.

타 다 방 추
03 他打棒球。Tā dǎ bàngqiú.

타 허 피 주
04 他喝啤酒。Tā hē píjiǔ.

워 유 신 신
05 我有信心。Wǒ yǒu xìnxīn.

워 츠 시 훙 스
06 我吃西红柿。Wǒ chī xīhóngshì.

타 톈 톈 마이 이 푸
07 她天天买衣服。Tā tiāntiān mǎi yīfu.

타 셴 짜이짜이 중 궈
08 他现在在中国。Tā xiànzài zài Zhōngguó.

타 유 아오 디 처
09 他有奥迪车。Tā yǒu Àodí chē.

타 아이 츠 차오 커 리
10 她爱吃巧克力。Tā ài chī qiǎokèlì.

중국어
말문 떼기

조심조심 성조! 중국어에는 글자의 발음은 같아도 성조 차이로 전혀 다른 의미가 되는 글자들이 꽤 있어요. 성조를 틀려서 일어나는 실수들을 가정해 보았어요.

▶ 바나나 먹을래? 고무 먹을래?

상 자오
香蕉 xiāngjiāo   바나나

상 자오
橡胶 xiàngjiāo   고무

워 츠 샹 자오
我吃香蕉。Wǒ chī xiāngjiāo.   나는 바나나를 먹는다.

워 츠 샹 자오
我吃橡胶。Wǒ chī xiàngjiāo.   나는 고무를 먹는다.

▶ 성조 틀리면 성희롱 혐의?

쉐이자오
水饺 shuǐjiǎo   만두

쉐이자오
睡觉 shuìjiào   잠을 자다

사오지에 쉐이자오 둬 사오 첸
小姐, 水饺多少钱?   아가씨, 만두 얼마예요?
Xiǎojie, shuǐjiǎo duōshao qián?

사오지에 쉐이자오 둬 사오 첸
小姐, 睡觉多少钱?   아가씨, (하룻밤) 잠자는데 얼마예요?
Xiǎojie, shuìjiào duōshao qián?

Day 03

맘 잡고
공부시작!

중국어 문장의 기본 패턴 익히기

벌써 중국어 나흘째. 자! 그럼 지금부터 중국어의 기본 패턴을 익혀 볼까요?
먼저 중국어의 가장 기본인 "A는 B입니다."와 그 부정형인 "A는 B가 아닙니
다." 그리고 의문형 "A는 B입니까?"로 중국어 말하기 해 볼까요!

중국어 문장의 기본 패턴 익히기

🎧 Track 10

> **A是B。**
> 스
> shì
> A는 B입니다.

"A는 B입니다."를 중국어로 "A是B"라고 합니다. 이때 '是'는 '~은 …이다'의 뜻으로 B자리에는 명사를 써야 한다는 것에 주의합시다! 또 是shì는 4성 발음으로 원래는 신경질(?)을 내면서 세게 발음해야 하지만, 문장에서는 '是'는 약하게 발음해 A와 B를 상대적으로 부각시킵니다.

01 나는 한국 사람입니다.
워 스 한 궈 런
我是韩国人。
Wǒ shì Hánguórén.

02 당신은 내 형제와 같이 가까운 사람입니다.
니 스 워 슝 디
你是我兄弟。
Nǐ shì wǒ xiōngdì.

03 그는 핸섬가이입니다.
타 스 솨이 거
他是帅哥。
Tā shì shuài gē.

04 그녀는 미인입니다.
타 스 메이 뉘
她是美女。
Tā shì měinǚ.

05 이것은 진짜(사실)입니다.
(진품, 진실)
저 스 전 더
这是真的。
Zhè shì zhēnde.

06 여기가 화장실입니다.
저 리 스 시 셔우 젠
这里是洗手间。
Zhèli shì xǐshǒujiān.

★ 화장실의 다양한 명칭 :
처 숴
厕所 cèsuǒ /
웨이 성 젠
卫生间 wèishēngjiān

07 그것은 유통기간이 지난 것 (음식)입니다.

나 스 궈 치 더
那是过期的。
Nà shì guòqī de.

★ 过期的 : '过期的东西 dōngxi (물건)'의 줄임말

08 오늘이 제 생일입니다.

진 톈 스 워 더 성 르
今天是我的生日。
Jīntiān shì wǒ de shēngrì.

09 한국의 수도는 서울입니다.

한 궈 더 셔우 두 스 셔우 얼
韩国的首都是首尔。
Hánguó de shǒudū shì Shǒu'ér.

10 제 취미는 컴퓨터 게임입니다.

워 더 아이하오 스 완 뎬 나오 유 시
我的爱好是玩电脑游戏。
Wǒ de àihào shì wán diànnǎo yóuxì.

★ '玩电脑游戏'를 직역하면 '컴퓨터 게임을 논다'이지만 문맥상 '컴퓨터 게임을 하는 것'으로 해석! 느낌 아니깐~

부 스
A不是B。
búshì
A는 B가 아닙니다.

"A는 B가 아닙니다."를 중국어로 "A不是B"라고 한다. 긍정형과 마찬가지로 발음할 때 A와 B에 강세를 둔다는 것만 기억하자!

---

01 이것은 핑계가 아닙니다.

저 부 스 제 커우
这不是借口。
Zhè búshì jièkǒu.

---

02 이 차는 BMW가 아닙니다.

저 처 부 스 바오 마
这车不是宝马。
Zhè chē búshì Bǎomǎ.

---

03 그것은 사랑이 아닙니다.

나 부 스 아이 칭
那不是爱情。
Nà búshì àiqíng.

---

04 나는 바람둥이가 아닙니다.

워 부 스 화 화 공 즈
我不是花花公子。
Wǒ búshì huāhuāgōngzǐ.

---

05 우리는 워크홀릭이 아닙니다.

워 먼 부 스 공 쭤 쾅
我们不是工作狂。
Wǒmen búshì gōngzuòkuáng.

---

06 그는 샐러리맨이 아닙니다.

타 부 스 상 반 주
他不是上班族。
Tā búshì shàng bān zú.

---

07 그녀는 그런 사람이 아닙니다.

타 부 스 나 중 런
她不是那种人。
Tā búshì nà zhǒng rén.

---

08 이곳은 화장실이 아닙니다.

저 리 부 스 처 쉬
这里不是厕所。
Zhèli búshì cèsuǒ.

09 이것은 장난이 아닙니다.

저 부 스 카이 완 샤오
这不是开玩笑。
Zhè búshì kāi wánxiào.

★ **开玩笑** : 농담하다(동사지만 명사처럼 취급)

10 나는 큰 부자는 아닙니다.

워 부 스 헌 유 쳰
我不是很有钱。
Wǒ búshì hěn yǒuqián.

★ **有钱** : 부유하다(형용사이지만 명사 취급)

^{스 마}
A是B吗?
shì ma
A는 B입니까?

01 이거 비밀인가요?

^{저 스 미미 마}
这是秘密吗?
Zhè shì mìmi ma?

02 당신은 싱글인가요?

^{니 스 단 선 마}
你是单身吗?
Nǐ shì dānshēn ma?

03 저분이 김사장님이세요?

^{타 스 진 중 마}
他是金总吗?
Tā shì Jīn zǒng ma?

04 오늘이 5일입니까?

^{진 톈 스 우 하오 마}
今天是五号吗?
Jīntiān shì wǔ hào ma?

05 나이가 문제인가요?

^{니엔 링 스 원 티 마}
年龄是问题吗?
Niánlíng shì wèntí ma?

TEST

제시된 단어와 우리말을 참고로 문장을 만들어
보세요.

---

01 나는 농구 선수입니다.   篮球运动员 lánqiú yùndòngyuán   농구 선수

---

02 나는 바보가 아닙니다.   笨蛋 bèndàn   멍청이, 바보

---

03 그는 백수입니다.   无业游民 wúyè yóumín   백수

---

04 그는 한류 스타입니다.   韩流明星 hánliú míngxīng   한류스타

---

05 그건 비밀이에요!   秘密 mìmì   비밀

---

06 여기는 회의실이 아닙니다.   会议室 huìyìshì   회의실

---

07 그는 대머리가 아닙니다.   秃头 tūtóu   대머리

---

08 부산은 항구입니까?   釜山 Fǔshān   부산   港口 gǎngkǒu   항구

---

09 이게 당신이 만든 요리입니까?   你做的菜 nǐ zuò de cài   당신이 만든 요리

---

10 생김새가 문제입니까?   长相 zhǎngxiàng   생김새

Answer

01 워 스 란 추 원 둥 위안
我是篮球运动员。Wǒ shì lánqiú yùndòngyuán.

02 워 부 스 번 단
我不是笨蛋。Wǒ búshì bèndàn.

03 타 스 우 예 유 민
他是无业游民。Tā shì wúyè yóumín.

04 타 스 한 류 밍 싱
他是韩流明星。Tā shì hánliú míngxīng.

05 나 스 미 미
那是秘密。Nà shì mìmì.

06 저 리 부 스 후이 이 스
这里不是会议室。Zhèli búshì huìyìshì.

07 타 부 스 투 터우
他不是秃头。Tā búshì tūtóu.

08 푸 산 스 강 커우 마
釜山是港口吗? Fǔshān shì gǎngkǒu ma?

09 저 스 니 쭤 더 차이 마
这是你做的菜吗? Zhè shì nǐ zuò de cài ma?

10 장 샹 스 원 티 마
长相是问题吗? Zhǎngxiàng shì wèntí ma?

중국어 자판에 도전

중국어 자판을 치기 위해서는 영어 발음으로 입력하는 방법을 사용하는 것이 편리하다. 중국어로 자판을 치기 위해서는 약간의 설정이 필요한데, 컴퓨터 오른쪽 하단에 보이는 커서를 지구본 모양에 대고 마우스 오른쪽 버튼을 클릭! 설정 → 일반 → 입력언어추가 → 간체자 체크 → 확인 누르면 설치 끝!

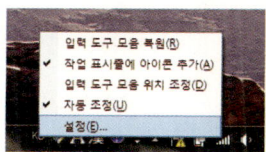

설치가 완료되면 컴퓨터 오른쪽 하단 작업 표시줄에 한국어는 <KO>, 중국어는 <CH>로 표기된다. 마우스로 하나하나 클릭해서 언어를 선택할 수 있다.

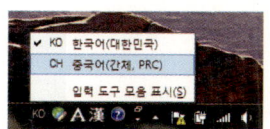

그럼 간단한 단어를 입력해 볼까?

"笨 bèn 바보"이라는 단어를 입력해 보자. 컴퓨터 오른쪽 하단을 중국어(대)로 설정하고 영어로 ben을 입력하면 'ben' 발음의 글자들이 화면에 등장하는데 여러 글자 가운데 원하는 글자를 선택하는 방식으로 입력이 가능하다.

笨
1　本
2　奔
3　苯
4　笨
5　夯
6　贲
7　锛
8　畚
9　坌

Day
04

맘 잡고
공부시작!

먹고, 마시고, 쇼핑하고

벌써 공부 시작 나흘째. 太棒了 Tài bàng le "정말 대단하세요!" 오늘은 일상생활에서 꼭 필요한 표현들을 모아봤습니다. 문법에 연연하지 마시고 당당하게 뻔뻔하게 외워서 바로 써먹어 보세요.

타이빵러─
정말 대단해요.

우린이제
죽었다..

먹고 마실 때

01 배고파요!
하오 으어 야
好饿呀!
Hǎo è ya!

02 배불러요.
두 쯔 헌 바오
肚子很饱。
Dùzi hěn bǎo.

03 목말라요.
커우 하오 커
口好渴。
Kǒu hǎo kě.

04 먹고 싶어요.
하오 샹 츠 아
好想吃啊!
Hǎo xiǎng chī a!

05 밥(국수) 먹고 싶어요.
워 샹 츠 판 (몐)
我想吃饭。(面)
Wǒ xiǎng chī fàn. (miàn)

06 마시고 싶어요.
워 샹 허
我想喝。
Wǒ xiǎng hē.

07 맥주 마시고 싶어요.
워 샹 허 피 주
我想喝啤酒。
Wǒ xiǎng hē píjiǔ.

08 맛있어요.
하오 츠
好吃。
Hǎochī.

09 맛없어요.
부 하오 츠
不好吃。
Bù hǎochī.

10 건배, 원샷(one shot)!
간 베이
干杯!
Gānbēi!

11 원샷!(원하는 만큼만 드세요!)
수이 이
随意!
Suíyì!

12 많이 좀 드세요.

뒤 츠 뎰
多吃点儿。
Duō chī diǎnr.

13 식사하시죠!

칭 융 (츠)
请用(吃)!
Qǐng yòng(chī)!

14 한 잔 더 하실래요?

하이야오짜이라이 이 뻬이 마
还要再来一杯吗?
Háiyào zài lái yì bēi ma?

15 냅킨주세요.

칭 게이 워 즈 진
请给我纸巾。
Qǐng gěi wǒ zhǐjīn.

16 아가씨! 주전자에 뜨거운 물 좀 리필해 주세요.(중국식당에서)

샤오 졔 쟈 쉐이
小姐, 加水!
Xiǎojie, jiā shuǐ!

17 조금 싱겁네요. 커피가 조금 연하네요.(두가지 의미)

유 뎬 단
有点淡。
Yǒudiǎn dàn.

18 시어요!(달아요!)

하오 쏸 아 (톈)
好酸啊! (甜)
Hǎo suān a! (tián)

19 써서 못 먹겠어요!

타이 쿠 츠 부 샤
太苦吃不下!
Tài kǔ chī bu xià!

20 매워요!

하오 라 야
好辣呀!
Hǎo là ya!

21 느끼해요.(짜요.)

헌 유 니 (셴)
很油腻。(咸)
Hěn yóunì. (xián)

22 (점원을 부를 때) 종업원!

푸 우 위안
服务员!
Fúwùyuán!

23 메뉴판 주세요.

칭 게이 워 차이 단
请给我菜单。
Qǐng gěi wǒ càidān.

24 시원한 물 한 잔 주세요.

칭 게이 워 이 베이 렁 쉐이
请给我一杯冷水。
Qǐng gěi wǒ yì bēi lěngshuǐ.

25 커피(콜라) 한 잔 주세요.

워 야오 카 페이 (커 러)
我要咖啡。(可乐)
Wǒ yào kāfēi. (kělě)

26 생맥주 한 잔이요!

이 베이 자 피
一杯扎啤!
Yì bēi zhāpí!

27 시원한 맥주 한 병 주세요
(합시다).

라이 이 핑 빙 전 피 주
来一瓶冰镇啤酒。
Lái yì píng bīngzhèn píjiǔ!

28 앞 접시 하나 주세요.

칭 게이 워 이 거 샤오 데 쯔
请给我一个小碟子。
Qǐng gěi wǒ yí ge xiǎo diézi.

29 하나 더 주세요.

짜이라이 이 거
再来一个。
Zài lái yí ge.

30 여기서 드실 건가요?
포장인가요?

저 리 츠 하이 스 와이다이
这里吃还是外带?
Zhèli chī háishì wàidài?

31 여기서 먹을 겁니다.

저 리 츠
这里吃。
Zhèli chī.

32 포장해 주세요.

워 야오 다이 쩌우
我要带走。
Wǒ yào dàizǒu.

33 (종업원에게) 계산이요!

마이 단
买单!
Mǎi dān!

34 제가 낼게요.

워 라이 푸 바
我来付吧。
Wǒ lái fù ba.

35 더치페이 합시다.

거 푸 거 더
各付各的。
Gè fù gè de.

36 됐어요! 제가 쏠게요.

하오 라 워 라이 칭 커
好啦,我来请客。
Hǎo la, wǒ lái qǐng kè.

37 전부 얼마입니까?

이 궁 뒤 샤오 첸
一共多少钱?
Yígòng duōshao qián?

38 상 좀 치워주세요.

찬 줘 빵 워 칭 리 이 샤
餐桌, 帮我清理一下。
Cānzhuō, bāng wǒ qīnglǐ yíxià.

39 고맙습니다.
(배불리) 잘 먹었습니다.

세 세 츠 더 전 바오
谢谢! 吃得真饱。
Xièxie! Chī de zhēn bǎo.

40 잘 먹었습니다.
밥 사주셔서 감사합니다.

워 츠 하오 러   세 세 닌 더 자오다이
我吃好了。谢谢您的招待。
Wǒ chīhǎo le. Xièxie nín de zhāodài.

바로 써먹는 중국어

쇼핑할 때

01 어서 오세요.

후안 잉 꽝 린
欢迎光临。
Huānyíng guānglín.

02 여기요!(점원을 부를 때)

샤오 제
小姐! (여성점원)
Xiǎojie!

셴 성
先生! (남자점원)
Xiānsheng!

03 얼마에요?

뒤 샤오 쳰
多少钱?
Duōshao qián?

04 이게 뭐예요?

저 스 선 머 너
这是什么呢?
Zhè shì shénme ne?

05 이거 주세요.

워 야오 저 거
我要这个。
Wǒ yào zhège.

06 비싸네요!

타이구이 러
太贵了!
Tài guì le!

07 비싸서 못 사겠어요.

타이구이마이 부 치
太贵买不起。
Tài guì mǎi bu qǐ.

08 좀 싸게 해 주세요.

펜 이 뎬 바
便宜点吧。
Piányi diǎn ba.

09 와! 정말 싸네요.

와 전 펜 이
哇! 真便宜!
Wa! zhēn piányi!

10 좀 더 싼 거는 없어요?

짜이메이 유 펜 이 뎬 더 마
再没有便宜点的吗?
Zài méiyǒu piányi diǎn de ma?

11 사이즈 좀 큰 것(작은 것) 없나요?

유 메이 유 다 뎬 더? (샤오 뎬 더)
有没有大点的? (小点的)
Yǒu méiyǒu dà diǎr de? (xiǎo diǎn de)

12	이거 보여주세요.	저 거 워 칸 이 샤 **这个，我看一下。** Zhège, wǒ kàn yíxià.
13	다른 것 보여주세요.	게이 워 칸 이 샤 볘 더 **给我看一下别的。** Gěi wǒ kàn yíxià biéde.
14	입어 봐도 될까요? (상하의, 신발)	워 커 이 스 촨 마 **我可以试穿吗？** Wǒ kěyǐ shìchuān ma?
15	제가 한번 착용해 봐도 될까요? (상하의, 신발, 액세서리)	워 커 이 스 이 샤 마 **我可以试一下吗？** Wǒ kěyǐ shì yíxià ma?
16	옷 갈아입는 데가(탈의실이) 어디예요?	환 이 푸 더 디 팡 짜이 날 (스 이 젠) **换衣服的地方在哪儿？(试衣间)** Huàn yīfu de dìfang zài nǎr? (shìyījiān)
17	조금 큰데요.(작아요)	유 뎬 다 (샤오) **有点大。(小)** Yǒu diǎn dà. (xiǎo)
18	사이즈가 안 맞아요.	다 샤오 부 허 스 **大小不合适。** Dàxiǎo bù héshì.
19	(옷이) 너무 타이트해요.	(이 푸) 타이 진 러 **(衣服) 太紧了。** (Yīfu) tài jǐn le.
20	너무 길어요.(짧아요)	타이 창 러 (돤) **太长了。(短)** Tài cháng le. (duǎn)
21	이거는 어떠세요?	저 거 전 머 양 **这个怎么样？** Zhège zěnmeyàng?
22	이거 세일하나요?	저 거 다 저 마 **这个打折吗？** Zhège dǎzhé ma?

23	다 팔렸어요.	마이 완 러 **卖完了。** Màiwán le.
24	현재 품절입니다.	무 첸 취에 훠 **目前缺货。** Mùqián quē huò.
25	조금 진한(연한) 색깔 주세요.	워 야오 경 선 이 뎬 더　(경 첸) **我要更深一点的。(更浅)** Wǒ yào gèng shēn yìdiǎn de. (gèng qiǎn)
26	딱맞네요. 살게요.	정 허 선　워 마이 러 **正合身，我买了。** Zhèng hé shēn, wǒ mǎi le.
27	이걸로 라지(미디엄 / 스몰) 사이즈 있어요?	저 거 유 메이 유 다 하오 더　(중 하오　샤오하오) **这个有没有大号的? (中号 / 小号)** Zhège yǒu méiyǒu dàhào de? (zhōnghào / xiǎohào)
28	제가 중국 사이즈를 잘 몰라요.	워 부 슈 시 중 궈 츠 춘 **我不熟悉中国尺寸。** Wǒ bù shúxī Zhōngguo chǐcùn.
29	제 사이즈 좀 재 주세요.	칭 게이 워 량 이 량 츠 춘 **请给我量一量尺寸。** Qǐng gěi wǒ liáng yi liáng chǐcùn.

중국어
말문 떼기

음주 에티켓 5가지

한국과 중국의 음주 에티켓을 통해 술자리 좌중을 사로잡아 볼까요?

첫째, 중국에서 술을 마실 때 첫 잔은 무조건 건배

둘째, 술을 잔 가득 따른다는 것은 존경의 표현! 혼자 홀짝 마시기보다는 주변 사람들의 술잔을 첨잔하는 것이 예의!

셋째, 술잔을 받을 때 목례나 가벼운 눈인사, 그것도 아니면 검지와 중지로 탁자를 가볍게 두드리는 것으로 감사의 표현 대신

넷째, 잔을 부딪칠 때는 자신의 술잔을 상대방의 잔보다 낮게 부딪쳐야 합니다.

다섯째, 술잔을 돌리지 않는다.

중국 사람도 뿅가는 촌철살인 권주 표현

<ruby>先<rt>셴</rt></ruby> <ruby>干<rt>간</rt></ruby> <ruby>为<rt>웨이</rt></ruby> <ruby>敬<rt>징</rt></ruby> Xiān gān wéi jìng

"저의 성의를 먼저 보여드리기 위해 잔을 비우겠습니다."

이 표현은 자신의 호방함과 상대에 대한 존경을 동시에 나타내어 베스트 권주 표현으로 많이 쓰인답니다. 그런 만큼 반드시 '원샷'으로 마무리해야겠죠~잉!

Day 05

맘 잡고
공부시작!

날씨, 생리현상

벌써 공부 시작 5일째! "말에도 생명이 있다." 너무 성조나 발음에 신경 쓰기보다는 감정을 넣어 말하는 연습을 해 보는 건 어떨까요? 임팩트 있게 보이려면 감정을 넣어 말하는 연기자가 되어봐~요!

날씨 이야기할 때

🎧 Track 14

01	날씨 좋네요!	톈 치 전 하오 **天气真好!** Tiānqì zhēn hǎo!
02	날씨가 별로 안 좋아요.	톈 치 부 타이하오 **天气不太好。** Tiānqi bútài hǎo.
03	더워요! / 건조해요!	하오 러 야 간 짜오 **好热呀! / 干燥!** Hǎo rè ya! / gānzào!
04	따뜻해요.	헌 난 휘 **很暖和。** Hěn nuǎnhuo.
05	시원해요.	헌 량 콰이 **很凉快。** Hěn liángkuai.
06	후텁지근해요.	헌 먼 러 **很闷热。** Hěn mēnrè.
07	비가 그쳤어요.	위 팅 러 **雨停了。** Yǔ tíng le.
08	지금 밖에 비와요.	셴 짜이와이 몐 샤 위 **现在外面下雨。** Xiànzài wàimian xià yǔ.
09	비가 올 것 같아요.	하오 샹 야오 샤 위 러 **好像要下雨了。** Hǎoxiàng yào xià yǔ le.
10	추워죽겠어요!	워 콰이 둥 쓰 러 **我快冻死了!** Wǒ kuài dòngsǐ le!
11	바람이 불어요.	과 펑 러 **刮风了。** Guā fēng le.

12 바람이 많이 불어요.

펑 하오 다
风好大。
Fēng hǎo dà.

13 눈(비) 와요.

샤 쉐 러 (위)
下雪了。(雨)
Xià xuě le. (yǔ)

14 춥지 않을까요?

후이 부 후이 헌 렁
会不会很冷？
Huì búhuì hěn lěng?

15 밖이 쌀쌀해요.

와이 몐 렁 쎤 쎤 더
外面冷森森的。
Wàimian lěng sēnsēn de.

16 내일 비와요?

밍 톈 후이 샤 위 마
明天会下雨吗？
Míngtiān huì xià yǔ ma?

17 날씨가 참 그지같네!

톈 치 짜오터우 러
天气糟透了！
Tiānqì zāotòu le!

18 (날이 흐리다가) 해가 떴어요.

추 타이 양 러
出太阳了。
Chū tàiyáng le.

19 오늘 날씨가 구름 한 점 없이 맑네요.

진 톈 톈 치 헌 칭 랑
今天天气很晴朗。
Jīntiān tiānqì hěn qínglǎng.

20 날이 갤 것 같아요.

톈 스 후 야오 좐 칭 러
天似乎要转晴了。
Tiān sìhū yào zhuǎnqíng le.

21 날씨가 점점 따뜻해지네요.

톈 치 웨 라이 웨 난 훠 러
天气越来越暖和了。
Tiānqì yuèláiyuè nuǎnhuo le.

22 오늘이 어제보다 훨씬 추워요.

진 톈 비 쭤 톈 렁 둬 러
今天比昨天冷多了。
Jīntiān bǐ zuótiān lěng duō le.

23 오늘 몇 도예요?

진 톈 더 치 원 스 둬 샤오
今天的气温是多少?
Jīntiān de qìwēn shì duōshao?

24 지금 영하 5도예요.

셴 짜이 링 샤 우 두
现在零下五度。
Xiànzài língxià wǔ dù.

25 이곳은 9월이면 아주 시원해요.

저 리 주 웨 헌 량 콰이
这里九月很凉快。
Zhèli jiǔ yuè hěn liángkuai.

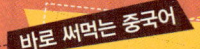
생리현상 · 건강에 대해 말할 때

🎧 Track **15**

---

01 아우! 냄새야! 너 방귀 꼈지?

와 하오처우 니 팡피 더 야
哇!好臭, 你放屁的呀(=啊)?
Wa! hǎo chòu, nǐ fàngpì de ya?

---

02 코가 막히고 재채기가 나요.

비 싸이 허 다 퍼 티
鼻塞和打喷嚏。(=塞)
Bísāi hé dǎ pētì. (=sè)

---

03 졸려서 하품만 나와요.

쿤 더 즈 다 하첸
困得直打哈欠。
Kùn de zhí dǎ hāqiàn.

---

04 배가 꼬르륵 거려요.

두 쯔 지 리 구 루 샹
肚子叽里咕噜响。
Dùzi jīligūlū xiǎng.

---

05 딸꾹질(트림) 하다.

다 걸
打嗝儿。
dǎ gér.

---

06 화장실에 좀 다녀올게요.

워 취 이 샤 시 셔우 젠
我去一下洗手间。
Wǒ qù yíxià xǐshǒujiān.

---

07 토할 것 같아요.

워 샹 투
我想吐。
Wǒ xiǎng tù.

---

08 잠이 안 와요.

워 쉐이 부 자오
我睡不着。
Wǒ shuì bu zháo.

---

09 벌레한테 물렸어요.

워 베이 총 쯔 야오 러
我被虫子咬了。
Wǒ bèi chóngzi yǎo le.

---

10 저는 피부가 예민해요.

워 피 푸 궈 민
我皮肤过敏。
Wǒ pífu guòmǐn.

---

11 이가 아파요.

워 야 텅
我牙疼。
Wǒ yá téng.

---

12 매워서 계속 땀(눈물)이 나네요.

라 더 즈 류 한　옌 레이 즈 류

辣得直流汗。(眼泪直流)

Là de zhí liú hàn. (yǎnlèi zhí liú.)

13 가려워요!

하오 양 아

好痒啊!

Hǎo yǎng a!

14 저는 당뇨병(고혈압)이 있어요.

워 유 탕 냐오 빙　　가오 쉐 야

我有糖尿病。(高血压)

Wǒ yǒu tángniàobìng. (gāoxuèyā)

15 여기가 아파요.

저 리 텅

这里疼。

Zhèli téng.

16 저는 심장이 안 좋아요.

워 신 장 부 하오

我心脏不好。

Wǒ xīnzàng bù hǎo.

17 생리중이세요?

니 짜이 싱 징 마

你在行经吗?

Nǐ zài xíngjīng ma?

18 저 임신했어요.

워 화이 윈 러

我怀孕了。

Wǒ huáiyùn le.

19 임신 3개월째입니다.

워 화이 윈 산 거 웨 러

我怀孕三个月了。

Wǒ huáiyùn sān ge yuè le.

20 (몸 상태가) 많이 좋아졌어요.

하오 둬 러

好多了。

Hǎo duō le.

21 (통증이나 증세로) 더 괴로운데요.

껑 난 셔우 러

更难受了。

Gèng nánshòu le.

22 저는 금속 알레르기가 있어요.

워 두이 진 슈 궈 민

我对金属过敏。

Wǒ duì jīnshǔ guòmǐn.

23	어디가 아프세요?	^{날 텅}哪儿疼? Nǎr téng?
24	나 열나요.	^{워 파 샤오 러}我发烧了。 Wǒ fā shāo le.
25	여기 감기약 팔아요?	^{니 먼 유 메이 유 간 마오야오}你们有没有感冒药? Nǐmen yǒu méiyǒu gǎnmàoyào?
26	설사 멈추는 약 주세요.	^{워 야오 푸 셰 야오}我要腹泻药。 Wǒ yào fùxiè yào.
27	저는 근시(원시)예요.	^{워 옌 징 진 스 (우안 스)}我眼睛近视。(远视) Wǒ yǎnjing jìnshi. (yuǎnshì)

중국어
말문 떼기

삼국지에서 배우는 음주표현

以茶代酒! Yǐ chá dài jiǔ
이 차 다이 주
저는 차로 술을 대신하겠습니다.

중국의 술 에티켓에는 첫 잔은 무조건 원샷! 干杯 Gānbēi! 그런데 자꾸 권
간 베이
하면 어쩌죠? 이럴 땐 삼국지에 나온 표현을 써먹어 보아요. 느낌 아니깐~!
'以茶代酒': 삼국지 오나라 왕 손호(孫皓 Sūnhào)에게서 유래. 손호는 술
순 하오
을 좋아해 신하들과 술자리를 자주 가졌는데 술자리에서 술을 마실 줄 알든 모르든
신하들로 하여금 일인당 무조건 2리터의 술을 비우도록 했다고... 신하 '위요(韋
曜 Wéiyào)'는 주량이 겨우 2리터! '위요'는 손호왕 부친인 손화의 선생으로 손호
야 오
는 위요를 각별하게 대했는데 '위요'가 술을 마시고 힘들어하자, 몰래 위요의 술
잔을 차로 바꾸도록 지시했다는데서 유래되었답니다. 이때부터 '以茶代酒'
는 중국인들에게 재치와 기지를 잘 발휘한 상징으로 전해지고 있습니다. 술을 마
실 수 없는 상황이거나 주량이 좋지 않을 때 이 표현을 사용하면 품격이 달라
집니다요~!

Day 06

맘 잡고
공부시작!

전화 걸 때, 길을 물을 때

맘 잡고 공부시작! 벌써 공부 시작 6일째! 기본 문법만 알고 바로 시작한 중국어! 어렵다는 편견은 노노노! 시골에서 무작정 상경해 고향으로 금의환향 하듯이 중국어의 대가를 꿈꾸며 '기본 문법'과 '감정'을 밑천으로 중국어에 계속 도전해 보자고요! 加油 ^{자유} Jiā yóu 파이팅!

전화 걸 때

🎧 Track 16

01 여보세요!

웨이
喂!
Wéi(Wèi)!

02 여보세요! 저는 정홍입니다.

웨이 워 스 정 훙
喂! 我是郑宏。
Wéi! Wǒ shì Zhèng Hóng.

03 왕선생님 댁입니까?

스 왕 셴 성 자 마
是王先生家吗?
Shì Wáng xiānsheng jiā ma?

04 누구 찾으십니까?

닌 자오 나 웨이
您找哪位?
Nín zhǎo nǎ wèi?

05 왕선생님 바꿔주세요.

워 자오 왕 셴 성
我找王先生。
Wǒ zhǎo Wáng xiānsheng.

06 잠시만 기다리세요.

칭 샤오 덩
请稍等。
Qǐng shāo děng.

07 제가 '왕원'입니다. 말씀하세요.

워 스 왕 원 칭 쟝
我是王文, 请讲。
Wǒ shì Wáng Wén, qǐng jiǎng.

08 지금 자리에 없습니다.

셴 짜이 부 짜이
现在不在。
Xiànzài bú zài.

09 여보세요, 해외영업팀, 김광입니다.

웨이 하이와이 잉 예 부 워 스 진 꽝
喂, 海外营业部。我是金光。
Wéi, hǎiwài yíngyèbù. Wǒ shì Jīn Guāng.

10 누구시죠?

칭 원 스 나 웨이
请问是哪位?
Qǐngwèn shì nǎ wèi?

11 전화 잘못 거셨습니다.

니 다 춰 하오 마 러
你打错号码了。
Nǐ dǎcuò hàomǎ le.

12 이따가 다시 걸게요.

워 다이 휠 짜이게이 니 다 뗀화
我待会儿再给你打电话。
Wǒ dāi huǐr zài gěi nǐ dǎ diànhuà.

13 전화해 주셔서 감사합니다.

셰 셰 니 라이 뗀
谢谢你来电。
Xièxie nǐ lái diàn.

14 시간 있을 때 또 전화주세요.

유 쿵 칭 짜이 다 뗀화 라이
有空请再打电话来。
Yǒu kòng qǐng zài dǎ diànhuà lái.

15 우리 빨리 뭉칩시다.

랑 워 먼 진 콰이 쥐 쥐
让我们尽快聚聚。
Ràng wǒmen jǐnkuài jùju.

16 전화 이만 끊어야겠습니다.

워 데이 과 러
我得挂了。
Wǒ děi guà le.

17 통화 즐거웠습니다.

헌 가오 싱 건 니 탄 화
很高兴跟你谈话。
Hěn gāoxìng gēn nǐ tánhuà.

18 전화 번호 좀 알려주실 수 있으세요?

넝 바 니 더 뗀 화 하오 마 가오 수 워 마
能把你的电话号码告诉我吗?
Néng bǎ nǐ de diànhuà hàomǎ gàosu wǒ ma?

19 전화 번호 좀 알려주세요.

칭 가오 수 워 니 더 뗀 화
请告诉我你的电话。
Qǐng gàosu wǒ nǐ de diànhuà.

20 제 번호 여기 있습니다.

워 더 하오 마 게이 니
我的号码给你。
Wǒ de hàomǎ gěi nǐ.

21 저한테 전화 주세요.

칭 게이 워 다 뗀 화
请给我打电话。
Qǐng gěi wǒ dǎ diànhuà.

22 제가 꼭 전화 드릴게요.

워 후이게이 니 다 뗀 화 더
我会给你打电话的。
Wǒ huì gěi nǐ dǎ diànhuà de.

23 (핸드폰) 전화 좀 써도 될까요?

워 커 이 용 이 샤 니 더 몐 화 마
我可以用一下你的电话吗?
Wǒ kěyǐ yòng yíxià nǐ de diànhuà ma?

24 좀 큰 소리로 말씀해 주세요.

칭 다 뎬 성 쉬
请大点声说。
Qǐng dà diǎn shēng shuō.

25 좀 천천히 말씀해 주세요.

칭 만 뎬 쉬
请慢点说。
Qǐng màn diǎn shuō.

26 다시 한 번 말씀주세요.

칭 짜이 쉬 이 뺸
请再说一遍。
Qǐng zài shuō yíbiàn.

위치 설명

01 어디에 있습니까?

짜이 날
在哪儿?
Zài nǎr?

02 어떻게 갑니까?

쩐 머 쩌우
怎么走?
Zěnme zǒu?

03 우회전하세요.

유 과이
右拐。
Yòu guǎi.

04 좌회전하세요.

쭤 과이
左拐。
Zuǒ guǎi.

05 직진하세요.

즈 쩌우
直走。
Zhí zǒu.

06 신호등에서 우회전하세요.

훙 뤼 덩 유 좐
红绿灯右转。
Hónglǜdēng yòu zhuǎn.

07 첫 번째 길목에서 우회전하세요.

디 이 탸오 제 유 좐
第一条街右转。
Dì yī tiáo jiē yòu zhuǎn.

08 이 길 따라 쭉 가세요.

옌 저 저 탸오 루 이 즈 쩌우
沿着这条路一直走。
Yán zhe zhè tiáo lù yìzhí zǒu.

09 멀어요? (가까워요?)

위안 마 (진)
远吗? (近)
Yuǎn ma? (jìn)

10 좀 멀어요. (가까워요.)

헌 위안 (진)
很远。(近)
Hěn yuǎn. (jìn)

11 그렇게 멀지 않아요.

부 타이 위안
不太远。
Bútài yuǎn.

12 (택시 기사에게)
동대문 가 주세요.

워 야오 취 둥 다 먼
我要去东大门。
Wǒ yào qù Dōngdàmén.

13 여기에서 세워주세요.

짜이 저 리 팅 처
在这里停车。
Zài zhèli tíng chē.

14 이 근처에 화장실 있습니까?

저 푸 진 유 메이 유 처 쒀
这附近有没有厕所？
Zhè fùjìn yǒu méiyǒu cèsuǒ?

15 가장 가까운 지하철역이 어디
있나요?

칭 원 쭈이 진 더 디 톄 짠 짜이 날
请问，最近的地铁站在哪儿？
Qǐngwèn, zuìjìn de dìtiězhàn zài nǎr?

16 지하철 몇 호선을 타야 합니까?

야오 쭤 지 하오 셴 디 톄
要坐几号线地铁？
Yào zuò jǐ hào xiàn dìtiě?

17 몇 번 버스를 타야합니까?

야오 쭤 지 루 처
要坐几路车？
Yào zuò jǐ lù chē?

18 서울역 가려면 몇 번 버스를
타야합니까?

다오 서우 얼 짠 야오 쭤 지 루 궁 쟈오 처
到首尔站要坐几路公交车？
Dào Shǒu'ěr zhàn yào zuò jǐ lù gōngjiāochē?

19 (차·지하철을) 중간에 갈아타야
합니까?

중 투 쉬 야오 환 청 마
中途需要换乘吗？
Zhōngtú xūyào huàn chéng ma?

20 저는 커피숍에 가고 싶어요.

워 샹 취 카 페이 팅
我想去咖啡厅。
Wǒ xiǎng qù kāfēitīng.

21 저는 은행을 찾고 있습니다.

워 자오 인 항
我找银行。
Wǒ zhǎo yínháng.

22 여기서 내리나요?

저 리 샤 처 마
这里下车吗？
Zhèli xià chē ma?

23	저 이번 역에서 내려야 하나요?	워 야오짜이 저 이 잔 샤 처 마 **我要在这一站下车吗?** Wǒ yào zài zhè yí zhàn xià chē ma?
24	얼마나 걸려요?	쉬 야오 둬 창 스 졘 **需要多长时间?** Xūyào duōcháng shíjiān?
25	(버스 · 택시) 운전기사님!	쓰 지 스 푸 **司机! / 师傅!** Sījī! / Shīfu!
26	운전 좀 천천히 하세요!	칭 닌 만 뎰 카이 **请您慢点儿开!** Qǐng nín màn diǎnr kāi!

혀가 안 좋아

중국어 발음에는 혀를 말아서 발음하는 권설음 발음이 있습니다. 예를 들면 zh, ch, sh, r 발음을 들 수 있는데요, 성조가 틀려도 의사소통 중 오해가 빚어질 수 있지만 권설음 발음을 하지 않았을 때도 그런 경우가 발생할 수 있습니다. 혀 짧은 아빠와 아들의 대화 내용 들어볼까요?

아들: 爸爸,《史记》是什么? Bàba «Shǐjì»shì shénme?
　　아빠, 《사기》가 뭐예요?

아빠: 笨蛋! Bèndàn　이 바보야!

　　‘死记’就是只去背，懂不懂? ‘Sǐjì’ jiùshì zhǐ qù bèi, dǒng bu dǒng?
　　‘스지’는 바로 죽어라 암기만 하는 걸 말해. 알겠니?

▶ 발음이 쫌 다르긴 다르네~

史记 shǐjì – 중국 한나라 사마천(司馬遷 Sīmǎqiān)이 쓴 통사 책

死记 sǐjì – 죽어라하고 암기하는 것

맘 잡고
공부시작!

기쁠 때, 화날 때의 감정 표현

맘 잡고 공부시작! 문법 없이 그냥 외우기만 하면 되는 중국어 표현 공부 벌써 7일째! 오늘은 감정이 기쁘거나 슬프거나 화날 때 바로 써먹을 수 있는 감정 표현을 알아보자고요! 앞으로는 자신 있게, 솔직하게, 내 감정을 전하세요. 아유 레디? **准备好了吗?** Zhǔnbèi hǎo le ma 자~! 출~발~! **来!** Lái **开始!** Kāishǐ

기쁨 등 긍정적 감정

🎧 Track 18

01 예뻐요!(멋져요!)	헌 퍄오 량 쑈이 **很漂亮。(帅)** Hěn piàoliang. (shuài)	
02 귀여워요!	하오 커 아이 **好可爱!** Hǎo kě'ài!	
03 근사한데요!	하오 쿠 아 **好酷啊!** Hǎo kù a!	
04 최고!	전 방 **真棒!** Zhēn bàng!	
05 정말로 기뻐!	워 전 가오 싱 **我真高兴!** Wǒ zhēn gāoxìng!	
06 기분이 좋아요!	신 칭 헌 하오 **心情很好!** Xīnqíng hěn hǎo!	
07 좋아요!	하오 아 **好啊!** Hǎo a!	
08 진짜 착하시네요!	니 전 하오 **你真好!** Nǐ zhēn hǎo!	
09 마음에 들어요.	워 시 환 **我喜欢。** Wǒ xǐhuan.	
10 행복합니다.	워 하오 싱 푸 **我好幸福。** Wǒ hǎo xìngfú.	
11 감동했어요.	워 헌 간 둥 **我很感动。** Wǒ hěn gǎndòng.	

12	당신 정말 대단해요!	니 전 랴오 부 치 **你真了不起!** Nǐ zhēn liǎo bu qǐ!
13	파이팅!	자 유 **加油!** Jiā yóu!
14	기운을 내세요!	전 쭤 이 몐 **振作一点!** Zhènzuò yidiǎn!
15	그것 참 잘됐네요!	나 타이하오 러 **那太好了!** Nà tài hǎo le!
16	저 사람 참 재미있어요!	타 페이 창 유 취 **他非常有趣!** Tā fēicháng yǒuqù!
17	축하합니다!	주 허 니 **祝贺你!** Zhùhè nǐ!
18	파티 정말 최고네요!	완 후이타이 방 러 **晚会太棒了!** Wǎnhuì tài bàng le!
19	그도 마음에 들어 할 겁니다.	타 후이 시 환 더 **他会喜欢的。** Tā huì xǐhuan de.
20	물론입니다.	나 당 란 **那当然。** Nà dāngrán.
21	좋아서 입이 찢어지시네요!	칸 바 니 가오 싱 더 **看把你高兴的!** Kàn bǎ nǐ gāoxing de!
22	(칭찬 듣고) 당연히 해야 하는 건데요. 뭐~	잉 가이 더　　 잉 가이 더 **应该的，应该的。** Yīnggāi de, yīnggāi de.

23 저는 즐겁습니다.

워 헌 콰이 러
我很快乐。
Wǒ hěn kuàilè.

24 마음이 즐겁습니다.

워 간 다오 카이 신
我感到开心。
Wǒ gǎndào kāi xīn.

25 저는 아주 만족합니다.

워 헌 만 이
我很满意。
Wǒ hěn mǎnyì.

26 그건 제가 바라던 바입니다.

나 정 스 워 쒀 치 판 더
那正是我所期盼的。
Nà zhèng shì wǒ suǒ qīpàn de.

27 20대 같으세요.

칸 치 라이 샹 얼 스 쑤이
看起来像二十岁。
kàn qǐlái xiàng èrshí suì.

28 기쁜 마음이야 이루 말할 수 없지요.

워 신 리 볘 티 둬 가오 싱 러
我心里别提多高兴了。
Wǒ xīnli bié tí duō gāoxìng le.

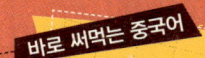

분노 등 부정적 감정

01 싫어요!

부 야오
不要!
Búyào!

02 안돼요!

부 싱
不行!
Bùxíng!

03 열 받네!

치 쓰 워 러
气死我了!
Qì sǐ wǒ le!

04 너 나 열 받게 하려고 작정했냐!

니 샹 치 쓰 워 야
你想气死我呀!
Nǐ xiǎng qì sǐ wǒ ya!

05 슬퍼요.

워 하오 난 궈
我好难过。
Wǒ hǎo nánguò.

06 나 외롭단 말이야!

워 하오 지 모 야
我好寂寞呀(=啊)!
Wǒ hǎo jìmò ya!

07 좀 우울해요.

워 유 뎬 유 위
我有点忧郁。
Wǒ yǒudiǎn yōuyù.

08 드~러워 죽겠네!

짱 쓰 러
脏死了!
Zāngsǐ le!

09 어우~ 짜증나!

하오 판 아
好烦啊!
Hǎo fán a!

10 징그러워! / 역겨워!

하오 어 신 아
好恶心啊!
Hǎo ěxīn a!

11 운도 없지!

전 다오 메이
真倒霉!
Zhēn dǎoméi!

12 (저 인간) 재수 없어!

타 전 부 타오 시
他真不讨喜!
Tā zhēn bù tǎoxǐ!

13 촌스러워요!

하오 투 아
好土啊!
Hǎo tǔ a!

14 피곤해요!

하오 레이 아
好累啊!
Hǎo lèi a!

15 이상해요!

전 치 과이
真奇怪!
Zhēn qíguài!

16 진짜 심하다!

타이 궈 펀 러
太过分了!
Tài guòfèn le!

17 정말 실망이야!

전 링 런 스 왕
真令人失望!
Zhēn lìng rén shīwàng!

18 화 좀 식히세요!

샤오샤오 치 바
消消气吧!
Xiāoxiao qì ba!

19 난 아직도 화가 나요.

워 하이 스 페이 창 성 치
我还是非常生气。
Wǒ háishì fēicháng shēng qì.

20 난 별로인데.

워 부 타이 시 환
我不太喜欢。
Wǒ bútài xǐhuan.

21 금방 싫증나요.

헌 콰이 주 옌 쥐안 러
很快就厌倦了。
Hěn kuài jiù yànjuàn le.

22 (시비걸 때) 그만해! 저 사람 신경 쓰지 마!

하오 러 베 리 타
好了, 别理他!
Hǎo le, bié lǐ tā.

23	말하는 거 봐라!	칸 니 쉬 더 **看你说的!** Kàn nǐ shuō de!
24	보기만 해도 토나온다.	워 칸 러 주 샹 투 러 **我看了就想吐了。** Wǒ kàn le jiù xiǎnɡ tù le.
25	짜증나 죽겠어요!	판 쓰 러 **烦死了!** Fán sǐ le!
26	기분이 확 가라앉네요.	워 신 칭 헌 디 뤄 **我心情很低落。** Wǒ xīnqíng hěn dīluò.
27	나는 실의감에 빠졌어요.	워 헌 스 뤄 **我很失落。** Wǒ hěn shīluò.
28	저는 자꾸 기가 죽어요.	워 줴 더 헌 쥐 쌍 **我觉得很沮丧。** Wǒ juéde hěn jǔsàng.

중국어 욕 좀 배워볼까?

"화가 난다!" "나도 욕할 줄 안다고?"

학생들로부터 가끔 중국어 욕을 한 가지라도 알려달라는 요구를 들을 때가 있습니다. 학생들 말이, 분명 상대가 나를 욕하는 것 같은데 되갚아주고 싶어도 욕을 할 줄 몰라 답답하다는 것인데요, 곰곰이 생각해 보니, 일리 있는 말입니다. 세상을 살다보면 참아야 할 때도, 또 내 감정을 드러내야 할 때도 있습니다. 참기는 뭐하고 그렇다고 가만있자니 직성이 안 풀리고 아래 몇 가지 욕만 알아둘까요? 그러나 진짜 가장 큰 승리는 욕설을 사용하지 않고 상대를 제어하는 것이겠지요?

비 쭈이
闭嘴! Bì zuǐ!
닥쳐!

타 마 더   마 더
他妈的! Tā mā de! ➡ 줄여서 妈-的! Mā de! (길게)
제기랄!

니 게이 워 군
你给我滚! Nǐ gěi wǒ gǔn!
꺼져!

Day 08

맘 잡고
공부시작!

꼭 알아야 하는 숫자, 날짜, 시간

우리 일상에서 숫자는 아주 중요합니다. 계산을 할 때나 날짜를 입력할 때도
숫자는 우리생활과 밀접한 관련이 있습니다. 심지어 1년은 12달, 하루 24시간
역시 오전과 오후로 12시간씩 나누는 것도 모두 숫자지요. 오늘은 중국어 숫자
와 친해져 보도록 할까요? 하나~ 둘! 시작!!

이얼 싼
123! Yī èr sān! 开始! Kāishǐ!
카이 스

꼭꼭 외워야 하는 숫자

▶ 숫자　　　　　　　　　　　　　　　　🎧 Track 20

1	이 一 yī	100	이 바이 一百 yìbǎi
2	얼 二 èr	200	량 바이 两百 liǎngbǎi
3	싼 三 sān	300	싼 바이 三百 sānbǎi
4	쓰 四 sì	400	쓰 바이 四百 sìbǎi
5	우 五 wǔ	500	우 바이 五百 wǔbǎi
6	류 六 liù	600	류 바이 六百 liùbǎi
7	치 七 qī	700	치 바이 七百 qībǎi
8	바 八 bā	800	바 바이 八百 bābǎi
9	주 九 jiǔ	900	주 바이 九百 jiǔbǎi
10	스 十 shí	1000	이 첸 一千 yìqiān
20	얼 스 二十 èrshí	2000	량 첸 两千 liǎngqiān
30	싼 스 三十 sānshí	3000	싼 첸 三千 sānqiān
40	쓰 스 四十 sìshí	4000	쓰 첸 四千 sìqiān
50	우 스 五十 wǔshí	5000	우 첸 五千 wǔqiān
60	류 스 六十 liùshí	6000	류 첸 六千 liùqiān
70	치 스 七十 qīshí	7000	치 첸 七千 qīqiān
80	바스 八十 bāshí	8000	바 첸 八千 bāqiān
90	주 스 九十 jiǔshí	9000	주 첸 九千 jiǔqiān
100	이 바이 一百 yìbǎi	10000	이 완 一万 yíwàn

이　　　　　　완 이　　자오
一亿 yì 억 / 一万亿(=兆) wànyì(=zhào) 조

▶ 숫자 읽기 주의 사항

❶ '제로 零 líng'을 잊지 말자!

숫자 '180'을 우리말로 읽으면 '백 팔십'이지만 중국어에서는 조금 다릅니다.

108 : 一百零八 yìbǎi líng bā (이 바이 링 바)

180 : 一百八 yìbǎi bā (이 바이 바) / 一百八十 yìbǎi bāshí (이 바이 바 스)

유사한 숫자들도 같은 방법으로 읽습니다.

❷ 숫자 '250'을 읽을 때는 이렇게!

위의 (1)에 따르면 숫자 '250'의 읽기는 '二百五 èrbǎi wǔ (얼 바이 우)'가 됩니다. 그런데요, '二百五 èrbǎi wǔ (얼 바이 우)'는 '덜떨어진 사람', '바보 멍청이'를 나타내기도 하죠. 이 때문에 숫자 '250' 읽을 때는 꼭! 两百五 liǎngbǎi wǔ (량 바이 우) 또는 两百五十 liǎngbǎi wǔshí (량 바이 우 스) 로 읽어야 해요!

❸ 다음의 경우에는 숫자를 하나 하나씩 읽어요!

– 자동차 번호판 : 8331 / 八三三一 bā sān sān yāo (바 싼 싼 야오)

– 방 번호 : 568호 / 568号 wǔ liù bā hào (우 류 바 하오)

– 전화번호 : 010-3333-7731 líng yāo líng sān sān sān qī qī sān yāo (링 야오 링 싼 싼 싼 치 치 싼 야오)

– 버스노선 : 140번(버스) / 140路 yāo sì líng lù (야오 쓰 링 루)

주의 : 위의 경우에서 숫자 1은 yī 발음으로 안 하고 yāo로 발음해요! 왜? 숫자 '1 yī'는 '7 qī' 발음과 비슷하기 때문에 정확히 구분하기 위해서랍니다.

– 연도 : 2014년 / 二零一四年 èr líng yī sì nián (얼 링 이 쓰 녠)

❹ 전화번호 묻기

전화번호는 몇 번입니까? : 电话号码是多少? Diànhuà hàomǎ shì duōshao? (뗀 화 하오 마 스 뒤 사오)

010-3333-7731입니다. : Líng yāo líng sān sān sān qī qī sān yāo.

❺ 가격 묻기

얼마입니까? : 多少钱? Duōshao qián? (뒤 사오 쳰)

360위안입니다. : 360块。 Sānbǎi liùshí kuài. (싼바이 류 스 콰이)

▶ **때를 나타내는 말**

아침	점심	저녁
_{짜오 샹} **早上** zǎoshang	_{중 우} **中午** zhōngwǔ	_{완 샹} **晚上** wǎnshang

오전	오후
_{샹 우} **上午** shàngwǔ	_{샤 우} **下午** xiàwǔ

무슨 요일입니까? – _{싱 치 지} **星期几?** Xīngqī jǐ?

월요일	화요일	수요일	목요일
_{싱 치 이} **星期一** xīngqī yī	_{싱 치 얼} **星期二** xīngqī èr	_{싱 치 짠} **星期三** xīngqī sān	_{싱 치 쓰} **星期四** xīngqī sì

금요일	토요일	일요일
_{싱 치 우} **星期五** xīngqī wǔ	_{싱 치 류} **星期六** xīngqī liù	_{싱 치 톈} **星期天** xīngqī tiān

그저께	어제	오늘	내일	모래
_{쳰 톈} **前天** qiántiān	_{쭤 톈} **昨天** zuótiān	_{진 톈} **今天** jīntiān	_{밍 톈} **明天** míngtiān	_{허우 톈} **后天** hòutiān

지난주	이번주	다음주
상 저우 **上周** shàngzhōu	저 저우 **这周** zhèzhōu	샤 저우 **下周** xiàzhōu

지난달	이번달	다음달
상 거 웨 **上个月** shàng ge yuè	저 거 웨 **这个月** zhè ge yuè	샤 거 웨 **下个月** xià ge yuè

재작년	작년	올해	내년	내후년
첸 녠 **前年** qiánnián	취 녠 **去年** qùnián	진 녠 **今年** jīnnián	밍 녠 **明年** míngnián	허우 녠 **后年** hòunián

봄	여름	가을	겨울
춘 톈 **春天** chūntiān	샤 톈 **夏天** xiàtiān	추 톈 **秋天** qiūtiān	둥 톈 **冬天** dōngtiān

매일	매주	매달	매년
메이 톈 **每天** měitiān	메이 저우 **每周** měizhōu	메 거 웨 **每个月** měi ge yuè	메이 녠 **每年** měinián

평일	주말	월말	연말
핑 르 **平日** píngrì	저우 모 **周末** zhōumò	웨 디 웨모 **月底 / 月末** yuèdǐ / yuèmò	녠 디 녠모 **年底 / 年末** niándǐ / niánmò

▶ 시간

몇 시나 됐습니까? – 几点了? Jǐ diǎn le?

시 (点 diǎn)

1시	2시	3시	4시
이 뗀 一点 yī diǎn	량 뗀 两点 liǎng diǎn	싼 뗀 三点 sān diǎn	쓰 뗀 四点 sì diǎn

5시	6시	7시	8시
우 뗀 五点 wǔ diǎn	류 뗀 六点 liù diǎn	치 뗀 七点 qī diǎn	바 뗀 八点 bā diǎn

9시	10시	11시	12시
주 뗀 九点 jiǔ diǎn	스 뗀 十点 shí diǎn	스 이 뗀 十一点 shíyī diǎn	스 얼 뗀 十二点 shí'èr diǎn

분 (分 fēn)

5분	10분	15분	20분
우 펀 五分 wǔ fēn	스 펀 十分 shí fēn	스 우 펀 이 커 十五分 / 一刻 shíwǔ fēn / yí kè	얼 스 펀 二十分 èrshí fēn

25분	30분	35분	40분
얼 스 우 펀 二十五分 èrshíwǔ fēn	싼 스 펀 반 三十分 / 半 sānshí fēn / bàn	싼 스 우 펀 三十五分 sānshíwǔ fēn	쓰 스 펀 四十分 sìshí fēn

45분	50분	55분	
쓰 스 우 펀 싼 커 四十五分 / 三刻 sìshíwǔ fēn / sān kè	우 스 펀 五十分 wǔshí fēn	우 스 우 펀 五十五分 wǔshíwǔ fēn	

▶ **월과 일 그리고 개월 수**

월 (月 yuè)			
1월	2월	3월	4월
이 웨 一月 yī yuè	얼 웨 二月 èr yuè	싼 웨 三月 sān yuè	쓰 웨 四月 sì yuè
5월	6월	7월	8월
우 웨 五月 wǔ yuè	류 웨 六月 liù yuè	치 웨 七月 qī yuè	바 웨 八月 bā yuè
9월	10월	11월	12월
주 웨 九月 jiǔ yuè	스 웨 十月 shí yuè	스 이 웨 十一月 shíyī yuè	스 얼 웨 十二月 shí'èr yuè

일 (号 hào)			
1일	2일	3일	4일
이 하오 一号 yī hào	얼 하오 二号 èr hào	싼 하오 三号 sān hào	쓰 하오 四号 sì hào
5일	6일	7일	8일
우 하오 五号 wǔ hào	류 하오 六号 liù hào	치 하오 七号 qī hào	바 하오 八号 bā hào
9일	10일	20일	31일
주 하오 九号 jiǔ hào	스 하오 十号 shí hào	얼 스 하오 二十号 èrshí hào	싼 스 이 하오 三十一号 sānshíyī hào

개월 수 (月数 yuèshù)			
1개월	2개월	3개월	4개월
이 거 웨 一个月 yí ge yuè	량 거 웨 两个月 liǎng ge yuè	싼 거 웨 三个月 sān ge yuè	쓰 거 웨 四个月 sì ge yuè
5개월	6개월	7개월	8개월
우 거 웨 五个月 wǔ ge yuè	류 거 웨 六个月 liù ge yuè	치 거 웨 七个月 qī ge yuè	바 거 웨 八个月 bā ge yuè
9개월	10개월	11개월	12개월
주 거 웨 九个月 jiǔ ge yuè	스 거 웨 十个月 shí ge yuè	스 이 거 웨 十一个月 shíyī ge yuè	스 얼 거 웨 十二个月 shí'èr ge yuè

중국어
말문 떼기

숫자에도 의미가 있어요!

천지인이 하나가 된 숫자 '三 sān (3)'

중국에서는 숫자 3을 하늘과 땅 그리고 사람이 합쳐진 완벽한 숫자라고 생각합니다.

모든 일 순조롭게 '六 liù (6)'

중국어에 '顺溜 shùnliu' 라는 말이 있습니다. 이 단어는 '원활하다, 순조롭다, 순통 하다'의 뜻을 갖는데요, 숫자 '六 liù'의 발음이 '顺溜'의 '溜 liu'와 같아 중국 사람들은 숫자 '六'를 좋아합니다. 기타로는 3의 배수이기 때문에, 주역(易經)에서 유래되었다는 설도 있습니다.

부자가 된다는 뜻의 '八 bā (8)'

중국 사람들이 제일 좋아하는 숫자는 다들 아시겠지만 '八 bā' 8입니다.
숫자 '八 bā'의 발음이 '发财(發財) fā cái 대박 나다' 의 '发'자 발음과 비슷하여 '돈이 붙는다'는 의미로 해석되기 때문입니다.

인터넷이 발달한 요즘에는 숫자의 모양이나 발음으로 의미를 부여하는 경우가 많습니다.

11월 11일 : 중국의 독신자의 날, 光棍节 guānggùnjié(숫자 '1'이 애인 없는 외로운 독신자의 형상을 하기 때문)

12월 12일 : 사랑의 날, 숫자 '1 yǐ'는 'yāo'로도 발음된다.(이때 '1212'의 발음을 "要爱要爱 yào'ài yào'ài 사랑해야 한다!"로 풀이할 수 있어 이날은 중국의 '연인의 날'로 꼽힘)

Day 09

중국어 '단위' 완전 정복!

중국에서 숫자 '9 九 jiǔ'는 '영원하다, 오래되다' 뜻을 나타내는 '久 jiǔ'와 발음
이 같습니다. 이 때문에 중국에는 9월 9일을 길일로 여겨 이 날 결혼식을 올리
는 커플이 꽤 많습니다. 어느덧 공부 시작 9일째! 영원히~ 그리고 꾸준히 중국
어를 공부하리라는 각오로 초심을 잃지 마시기 바랍니다. 중국에는 단위사가
수백 개에 이르는데요, 그걸 다 언제 외워요? 가장 기본적인 표현 몇 가지만
알면 단위사 정복 문제없습니다. 没问题! Méi wèntí (노프러블럼!)

단위사 표현법 : 숫자 + 단위 + (명사)의 순서로~~

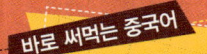
꼭 알아야 하는 기본 단위사

▶ 물건

Track 21

한 개	두 개	세 개	네 개	다섯 개
이 거 一个 yí ge	량 거 两个 liǎng ge	싼 거 三个 sān ge	쓰 거 四个 sì ge	우 거 五个 wǔ ge

여섯 개	일곱 개	여덟 개	아홉 개	열 개
류 거 六个 liù ge	치 거 七个 qī ge	바 거 八个 bā ge	주 거 九个 jiǔ ge	스 거 十个 shí ge

★ 단위사와 함께 쓰일 때 숫자 '二 ^얼 èr (2)'은 '两 ^량 liǎng (둘)'으로 변신

▶ 사람

한 명	두 명	세 명	네 명	다섯 명
이 거 런 一个人 yí ge rén	량 거 런 两个人 liǎng ge rén	싼 거 런 三个人 sān ge rén	쓰 거 런 四个人 sì ge rén	우 거 런 五个人 wǔ ge rén

여섯 명	일곱 명	여덟 명	아홉 명	열 명
류 거 런 六个人 liù ge rén	치 거 런 七个人 qī ge rén	바 거 런 八个人 bā ge rén	주 거 런 九个人 jiǔ ge rén	스 거 런 十个人 shí ge rén

★ 만만한 게 '개'

단위사 중 가장 포괄적으로 쓰이는 것이 바로 '个 ge 개'! '个'만 알면 거의 단위사는 정복했다고 봐야죠!

❶ 사람

一个人 yí ge rén 한 사람
<small>이 거 런</small>

一个学生 yí ge xuésheng 학생 한 명
<small>이 거 쉐 셩</small>

❸ 어떤 영역

一个城市 yí ge chéngshì 한 개의 도시
<small>이 거 쳥 스</small>

一个工厂 yí ge gōngchǎng 공장 한 개
<small>이 거 공 창</small>

❹ 물체

一个杯子 yí ge bēizi 컵 하나
<small>이 거 베이 쯔</small>

两个苹果 liǎng ge píngguǒ 사과 두 개
<small>량 거 핑 궈</small>

❺ 추상적인 일

一个理由 yí ge lǐyóu 하나의 이유
<small>이 거 리 유</small>

两个问题 liǎng ge wèntí 두 개의 문제
<small>량 거 원 티</small>

▶ 책

책 한 권	책 두 권	책 세 권	책 네 권	책 다섯 권
이 번 슈 **一本书** yì běn shū	량 번 슈 **两本书** liǎng běn shū	싼 번 슈 **三本书** sān běn shū	쓰 번 슈 **四本书** sì běn shū	우 번 슈 **五本书** wǔ běn shū

잡지책 여섯 권	소설책 일곱 권	만화책 여덟 권	사전 아홉 권
류 번 짜즈 **六本杂志** liù běn zázhì	치 번 샤오 숴 **七本小说** qī běn xiǎoshuō	바 번 만 호 슈 **八本漫画书** bā běn mànhuàshū	주 번 츠 뎬 **九本词典** jiǔ běn cídiǎn

▶ 종이 등 평면 물체

종이 한 장	종이 두 장	종이 세 장	종이 네 장	종이 다섯 장
이 장 즈 **一张纸** yì zhāng zhǐ	량 장 즈 **两张纸** liǎng zhāng zhǐ	싼 장 즈 **三张纸** sān zhāng zhǐ	쓰 장 즈 **四张纸** sì zhāng zhǐ	우 장 즈 **五张纸** wǔ zhāng zhǐ

표 여섯 장	영화티켓 일곱 장	항공권 여덟 장
류 장 퍄오 **六张票** liù zhāng piào	치 장 뎬 잉 퍄오 **七张电影票** qī zhāng diànyǐngpiào	바 장 페이 지 퍄오 **八张飞机票** bā zhāng fēijīpiào

입장권 아홉 장	책상 열 개
주 장 루 창 취안 **九张入场券** jiǔ zhāng rùchǎngquàn	스 장 줘 즈 **十张桌子** shí zhāng zhuōzi

▶ '젓가락', '칼' 등 손잡이 물건

국자 한 개	우산 두 자루	의자 세 개
이 바 샤오 쯔 **一把勺子** yì bǎ sháozi	량 바 위 싼 **两把雨伞** liǎng bǎ yǔsǎn	싼 바 이 쯔 **三把椅子** sān bǎ yǐzi

부채 네 개	칼 다섯 자루	젓가락 여섯 개
쓰 바 산 쯔 **四把扇子** sì bǎ shànzi	우 바 다오 **五把刀** wǔ bǎ dāo	류 바 콰이 쯔 **六把筷子** liù bǎ kuàizi

★ '주먹 한 움큼'을 말할 때도
이 바 화 성
一把花生 yì bǎ huāshēng 땅콩 한 움큼
이 바 미
一把米 yì bǎ mǐ 쌀 한 줌

▶ 수건 등 모양이 긴 사물이나 곤충

타올 한 개	허리띠 하나	한 개의 거리	뱀 한 마리
이 탸오마오 진 **一条毛巾** yì tiáo máojīn	이 탸오야오 다이 **一条腰带** yì tiáo yāodài	이 탸오 제 **一条街** yì tiáo jiē	이 탸오 서 **一条蛇** yì tiáo shé

▶ 병과 캔 그리고 잔

술 한 병	탄산음료 두 병	과일주스 세 병
이 핑 주 **一瓶酒** yì píng jiǔ	량 핑 치 쉐이 **两瓶汽水** liǎng píng qìshuǐ	싼 핑 궈 즈 **三瓶果汁** sān píng guǒzhī

알루미늄 캔 4캔	맥주 다섯 캔	커피 여섯 잔
쓰 팅 이 라 관 **四听易拉罐** sì tīng yìlāguàn	우 팅 피 주 **五听啤酒** wǔ tīng píjiǔ	류 베이 카 페이 **六杯咖啡** liù bēi kāfēi

▶ 세트

가구까지 완비한 집	이 타오 팡 쯔 **一套房子** yí tào fángzi
정장 한 벌	이 타오 시 푸 **一套西服** yí tào xīfú

▶ 기계와 영화 그리고 자동차

디지털 카메라 한 대	이 타이 슈 마 샹 지 **一台数码相机** yì tái shùmǎ xiàngjī
컴퓨터 두 대	량 타이 뎬 나오 **两台电脑** liǎng tái diànnǎo
영화 한 편	이 부 뎬 잉 **一部电影** yí bù diànyǐng
자동차 세 대	싼 량 처 **三辆车** sā liàng chē

TEST 본문을 참고로 괄호 안에 들어갈 단위사를 쓰세요.

🎧 Track 22

01 我有一(   )词典。
    Wǒ yǒu yì (   ) cídiǎn.
    나는 사전 한 권이 있습니다.

02 这(   )花很漂亮!
    Zhè (   ) huā hěn piàoliang!
    이 꽃 참 예쁘네요!

03 他买一(   )啤酒和两(   )韩国烧酒。
    Tā mǎi yì (   ) píjiǔ hé liǎng (   ) Hánguó shāojiǔ.
    그는 맥주 한 캔과 한국 소주 두병을 삽니다.

04 我想喝一(   )美式咖啡。
    Wǒ xiǎng hē yì (   ) Měishì kāfēi.
    저는 아메리카노 한 잔을 마시고 싶어요.

05 他买一(   )手机。
    Tā mǎi yì (   ) shǒujī.
    그는 핸드폰을 하나 삽니다.

06 我有两(   )雨伞。
    Wǒ yǒu liǎng (   ) yǔsǎn.
    저는 우산이 두 개 있어요.

07 你买了几(   )电影票?
    Nǐ mǎi le jǐ (   ) diànyǐngpiào?
    영화 티켓을 몇 장 샀어요?

08 她换了一(   )新车。
    Tā huàn le yí (   ) xīn chē.
    그녀는 차를 한 대 새로 뽑았어요.

09 我每天吃两(   )苹果。
    Wǒ měitiān chī liǎng (   ) píngguǒ.
    나는 매일 사과 두 개를 먹어요.

10 这(   )西服真漂亮。
    Zhè (   ) xīfú zhēn piàoliang.
    이 정장 한 벌 정말 예쁘네요.

Answer

01 本 běn ^번

02 朵 duǒ (송이, 꽃 · 구름을 세는 단위) ^둬

03 听 tīng / 瓶 píng ^팅 ^핑

04 杯 bēi ^{베이}

05 台 tái ^{타이}

06 把 bǎ ^바

07 张 zhāng ^장

08 辆 liàng ^량

09 个 ge ^거

10 套 tào ^{타오}

중국어
말문 떼기

중국 음식 이름으로 암호 풀기

중국에는 보통 네 글자로 된 요리 이름이 많은데요, 자세히 보면 그 안에 마치 암호처럼 조리법이 숨겨져 있습니다. 비밀코드를 하나하나 해독하듯 중국 요리 이름을 파헤쳐 볼까요?

❶ 조리방법

炒 chǎo : 강한 불에 짧은 시간 볶는 것.
(차오)

清炒虾仁 qīng chǎo xiārén 깐 새우를 맑게 살짝 볶은 요리
(칭 차오 샤 런)

蒸 zhēng : 찌는 것
(정)

清蒸鱼 qīng zhēng yú 생선을 맑게 쪄서 한 요리
(칭 정 위)

❷ 재료로 풀기

白菜 báicài : 배추
(바이차이)

白菜炒肉 báicài chǎoròu 배추에 볶은 고기를 섞은 요리
(바이차이차오러우)

❸ 칼질로 풀기

丝 sī : 가늘게 썬 것.
(쓰)

鱼香肉丝 yú xiāng ròu sī 생선 볶은 소스 국물로 가늘게 썬 돼지고기를 볶은 요리.
(위 샹 러우 쓰)

왕초보 중국어

완전절친

단어장

왕초보 중국어
완전절친 단어장

초판 1쇄 인쇄 2014년 4월 21일
초판2쇄 발행 2015년 9월 28일
지은이 : 정명숙
발행인 : 김용부
발행처 : 글로벌 문화원
주소 : 서울시 종로구 관철동 11-19 글로벌 빌딩 5층
대표전화 : 02) 569-6969, 02) 568-6969
팩스 : 02) 753-6969
홈페이지 : http://www.globalbooks.co.kr
등록번호 : 제 2-407
등록일자 : 1987년 12월 15일

ISBN 978-89-8233-185-5 13720

왕초보 中國語

완전정천

단어장

🌐 글로벌문화원

CONTENTS

01

품사별 단어 정리

명사 ▼

❶ 일반명사

물	쉐이 水 shuǐ
찬 물	렁 쉐이 冷水 lěngshuǐ
뜨거운 물	러 쉐이 热水 rèshuǐ
끓여서 식힌 물	바이 카이 쉐이 白开水 báikāishuǐ
바닷물	하이 쉐이 海水 hǎishuǐ

꽃	화 花 huā
국화	궈 화 国花 guóhuā
무궁화	우 총 화 无穷花 wúqiónghuā
	무 진 화 = 木槿花 mùjǐnhuā
카네이션	캉 나이 신 康乃馨 kāngnǎixīn
튤립	위 진 샹 郁金香 yùjīnxiāng
장미	메이 구이 玫瑰 méiguì

벚꽃	^{잉 화} 樱花 yīnghuā	매화	^{메이 화} 梅花 méihuā
해바라기	^{샹 르 쿠이} 向日葵 xiàngrìkuí	종이	^즈 纸 zhǐ
진달래	^{두 쥐안 화} 杜鹃花 dùjuānhuā	신문	^{바오즈 즈} 报纸 bàozhǐ
국화	^{쥐 화} 菊花 júhuā	줄자	^{피 츠} 皮尺 píchǐ
선인장	^{셴 런 장} 仙人掌 xiānrénzhǎng	척도, 표준	^{츠 두} 尺度 chǐdù
목련	^{무 롄} 木莲 mùlián		^{츠 쯔} = 尺子 chǐzi
모란	^{무 단 화} 牡丹花 mǔdanhuā	검은 반점	^{헤이 반} 黑斑 hēibān

7

성격	<ruby>性格<rt>싱 거</rt></ruby> xìnggé	그(무생물)	<ruby>它<rt>타</rt></ruby> tā

❷ 인칭대명사

나	<ruby>我<rt>워</rt></ruby> wǒ	우리들	<ruby>我们<rt>워 먼</rt></ruby> wǒmen
너, 당신	<ruby>你<rt>니</rt></ruby> nǐ	너희들	<ruby>你们<rt>니 먼</rt></ruby> nǐmen
당신	<ruby>您<rt>닌</rt></ruby> nín	그들	<ruby>他们<rt>타 먼</rt></ruby> tāmen
그	<ruby>他<rt>타</rt></ruby> tā	여러분, 모두	<ruby>大家<rt>다 자</rt></ruby> dàjiā
그녀	<ruby>她<rt>타</rt></ruby> tā	남	<ruby>人家<rt>런 자</rt></ruby> rénjia
		다른 사람	<ruby>别人<rt>뻬 런</rt></ruby> biérén

자기 자신	^{쯔 지}自己 zìjǐ		어디	^{나 리}哪里 nǎli
				= ^날哪儿 nǎr

❸ 의문대사

누구	^{쉐이}谁 shéi		어떻게, 왜	^{쩐 머}怎么 zěnme
무엇	^{선 머}什么 shénme		어떠하다	^{쩐 양}怎样 zěnyàng
어느	^나哪 nǎ		어떻게 하다	^{쩐 머 양}怎么样 zěnmeyàng
어느 것	^{나 거}哪个 nǎge		왜	^{웨이 선 머}为什么 wèishénme
어느 것들	^{나 세}哪些 nǎxiē		얼마	^{뒤 샤오}多少 duōshao

9

몇	<ruby>几<rt>지</rt></ruby> jǐ

❹ 지시대사

이	<ruby>这<rt>저</rt></ruby> zhè
저	<ruby>那<rt>나</rt></ruby> nà
이것	<ruby>这个<rt>저 거</rt></ruby> zhège
저것	<ruby>那个<rt>나 거</rt></ruby> nàge
여기, 이곳	<ruby>这里<rt>저 리</rt></ruby> zhèli

저기, 저곳	= <ruby>这儿<rt>절</rt></ruby> zhèr
	<ruby>那里<rt>나 리</rt></ruby> nàli
	= <ruby>那儿<rt>날</rt></ruby> nàr
이렇게	<ruby>这样<rt>저 양</rt></ruby> zhèyàng
저렇게	<ruby>那样<rt>나 양</rt></ruby> nàyàng
이토록	<ruby>这么<rt>저 머</rt></ruby> zhème
그토록	<ruby>那么<rt>나 머</rt></ruby> nàme

수사 ▼

❶ 서수

첫째	디 이 第一 dì yī
둘째	이 얼 第二 dì èr
첫 번째	디 이 거 第一个 dì yī ge
두 번째	디 얼 거 第二个 dì èr ge
처음	디 이 츠 第一次 dì yī cì

두 번	디 얼 츠 第二次 dì èr cì
첫날	디 이 톈 第一天 dì yī tiān
다음날	디 얼 톈 第二天 dì èr tiān

❷ 개수

안팎, 내외, 가량	쭤 유 左右 zuǒyòu
3시정도	싼 뎬 쭤 유 三点左右 sān diǎn zuǒyòu
1미터70정도	이 미 치 쭤 유 一米七左右 yì mǐ qī zuǒyòu

~여, 남짓	多 _뒤 duō

~여, 남짓 　多 duō (뒤)

40세가량 　四十多岁 sìshí duō suì (쓰 스 뒤 쑤이)

3년 남짓 　三年多 sān nián duō (싼 녠 뒤)

3개월 여 　三个多月 sān ge duō yuè (싼 거 뒤 웨)

'十, 百, 千' 등의 수사 또는 단위를 나타내는 양사 뒤에 쓰여 대체적인 어림수를 나타냄 　来 lái (라이)

50세 가량 　五十来岁 wǔshí lái suì (우 스 라 쑤이)

오백 명 쯤 　五百来人 wǔbǎi lái rén (우 바이라이 런)

양사 ▼

❶ **명량사** : 사물의 수량 단위 표시

자루, 가늘고 긴 것을 세는 단위 　根 gēn (건)

담배 한 개피 　一根烟 yì gēn yān (이 건 옌)

포대, 봉지 　包 bāo (바오)

담배 한 갑 　一包香烟 yì bāo xiāngyān (이 바오 샹 옌)

그루 　棵 kē (커)

나무 두 그루	^{량 커 수} **两棵树** liǎng kē shù	무리, 단체	^반 **班** bān
알	^커 **颗** kē	한 무리의 사람들	^{이 반 런} **一班人** yì bān rén
진주 한 알	^{이 커 전 주} **一颗珍珠** yì kē zhēnzhū	화물 한 무더기	^피 **批** pī
하나의 마음	^{이 커 신} **一颗心** yì kē xīn	많은 화물	^{이 피 훠} **一批货** yì pī huò
별 한 개	^{이 커 싱 싱} **一颗星星** yì kē xīngxing	다스	^다 **打** dá
무리	^췬 **群** qún	연필 한 다스	^{이 다 쳰 비} **一打铅笔** yì dá qiānbǐ
한 무리의 아이들	^{이 췬 하이 쯔} **一群孩子** yì qún háizi		

❷ 동량사 : 동작·변화의 횟수를 세는 단위

| 번 | 回
 후이 <br> huí |

나는 세 번 가 보았다.
我去过三回。
워 취 궈 싼 후이
Wǒ qù guo sān huí.

번
次
츠
cì

나는 세 번 가 보았다.
我去过三次。
워 취 궈 싼 츠
Wǒ qù guo sān cì.

번(처음부터 끝까지)
遍
삔
biàn

한 번 읽어주세요!
请读一遍!
칭 두 이 삔
Qǐng dú yí biàn!

번, 회
下
샤
xià

잠깐 와 봐요!
직역: 한번 와 봐요!
你来一下!
니 라이 이 샤
Nǐ lái yíxià!

차례, 번
(왕복의 횟수)
趟
탕
tàng

한 차례 (뛰어) 다녀오다.
跑了一趟
파오 러 이 탕
pǎo le yí tàng

일의 경과나 자연 현상의 횟수
场
창
chǎng

한바탕 울다
哭了一场
쿠 러 이 창
kū le yì chǎng

한차례 큰비
一场大雨
이 창 다 위
yì chǎng dàyǔ

14

동사 ▼

❶ 일반동사

준비하다	준 베이 **准备** zhǔnbèi
출발하다	추 파 **出发** chūfā
지각하다	츠 다오 **迟到** chídào
상의하다	상 량 **商量** shāngliang

❷ 관계동사

~은 ~이다	스 **是** shì
~로 불리다	자오 **叫** jiào
성이 ~이다	싱 **姓** xìng
~와 같다	덩 위 **等于** děngyú
~으로 변하다	청 웨이 **成为** chéngwéi

❸ 능원동사

| ~해야 한다 | ^{야오} **要** yào |

~하기를 원하다   ^{위안 이} **愿意** yuànyì

~해야 한다(당위성)   ^{데이} **得** děi

~할 수 있다   ^넝 **能** néng

~할 수 있다, ~할 것이다   ^{후이} **会** huì

~할 수 있다   ^{커 이} **可以** kěyǐ

아마도, 마땅히 ~해야 한다(의무)   ^{잉 가이} **应该** yīnggāi

❹ 방향동사

오다   ^{라이} **来** lái

가다   ^취 **去** qù

나오다   ^추 **出** chū

들다   ^진 **进** jìn

일어나다   ^치 **起** qǐ

오르다	上 상 shàng		꺼내다	拿出来 나 추 라이 ná chūlái
내리다	下 샤 xià		들어오다	进来 진 라이 jìnlái
올라오다	上来 상 라이 shànglái		걸어서 들어오다	走进来 쩌우 진 라이 zǒu jìnlái
올라가다	上去 상 취 shàngqù			
내려가다	下去 샤 취 xiàqù			

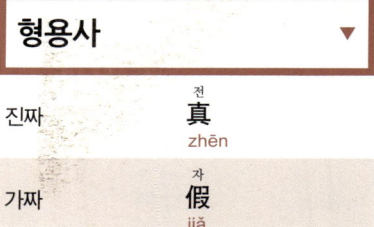

형용사 ▼

내려놓다	放下去 팡 샤 취 fàng xiàqù		진짜	真 전 zhēn
나오다	出来 추 라이 chūlái		가짜	假 쟈 jiǎ

17

옳다	두이 **对** duì	천천히 단음절 형용사 중첩형이지만 부사로 쓰임.	만 말 **慢慢儿** mànmānr
틀리다	춰 **错** cuò	잘, 충분히 단음절 형용사 중첩형이지만 부사로 쓰임.	하오 할 **好好儿** hǎohāor
위대하다	웨이 다 **伟大** wěidà	예쁘다	퍄오퍄오 량 량 **漂漂亮亮** piàopiao liāngliāng (= liàngliàng)
아름답다	메이 리 **美丽** měilì	분명하다	밍 밍 바이 바이 **明明白白** míngming báibái
불쌍하다	커 롄 **可怜** kělián	깨끗하다	간 간 징 징 **干干净净** gāngan jìngjìng
즐겁다	위 콰이 **愉快** yúkuài	대범하다, 통이 크다	다 다 팡 팡 **大大方方** dàda fāngfāng
어떠한	런 허 **任何** rènhé	세심하지 못하다, 그저 그렇다	마 마 후 후 **马马虎虎** mǎma hūhū (= hǔhǔ)

18

부사 ▼	

매우	헌 **很** hěn
굉장히	페이 창 **非常** fēicháng
특별히	터 볘 **特别** tèbié
더욱	껑 **更** gèng
모두	떠우 **都** dōu
~도	예 **也** yě

아니다	부 **不** bù(bú)
없다, ~하지 않았다	메이 **没** méi
벌써	이 징 **已经** yǐjīng
금방	마 샹 **马上** mǎshàng
자주	창 창 **常常** chángcháng
아마도	커 넝 **可能** kěnéng
스스로	즈 걸 **自个儿** zìgěr

대략	^{다 웨} **大约** dàyuē		~로부터 _{장소·시간의 출발점을 나타냄}	^충 **从** cóng
늘	^{쫑 스} **总是** zǒngshì		~로부터 _{공간적 시간적 거리를 나타냄}	^리 **离** lí
거의	^{지 후} **几乎** jīhū		~에게	^{게이} **给** gěi

개사 ▼

~에서	^{짜이} **在** zài		~를 위해	^{웨이} **为** wèi
~와 _{跟+동작의 대상+동사(+목적어)}	^{껀 허} **跟 (=和)** gēn (=hé)		~을	^바 **把** bǎ
			~보다	^비 **比** bǐ

조사

천천히 먹다 慢慢儿(地)吃
_{만 말 (더) 츠}
mànmār (de) chī

❶ 구조조사

❷ 동태조사

뜻은 없지만 명사 앞에 붙음
的
_더
de

~했다
了
_러
le

예쁜 옷
漂亮的衣服
_{퍄오 량 더 이 푸}
piàoliang de yīfu

샀다
买了
_{마이 러}
mǎi le

뜻은 없지만 동사 뒤에 붙음
得
_더
de

~하고 있다
着
_저
zhe

빨리 달린다
跑得快
_{퍄오 더 콰이}
pǎo de kuài

앉아 있다
坐着
_{쮀 저}
zuò zhe

뜻은 없지만 동사 앞에 붙음
地
_더
de

~한 적 있다
过
_궈
guo

가본 적 있다	^{취 궈} **去过** qù guo

❸ 어기조사

문장 끝에 쓰여 의문을 나타냄	^마 **吗** ma

잘 지냈어?	^{니 하오 마} **你好吗?** Nǐ hǎo ma?

문장 끝에 쓰여 상대방의 동의를 구하거나 재촉을 나타냄	^바 **吧** ba

너 알지?	^{니 즈 다오 바} **你知道吧?** Nǐ zhīdao ba?

어서 가라!	^{간 콰이 쩌우 바} **赶快走吧。** Gǎnkuài zǒu ba.

문장 끝에 쓰여 감탄을 나타냄	^아 **啊** a

얼마나 예쁜가!	^{둬 퍄오량 아} **多漂亮啊!** Duō piàoliang a!

문장 끝에 쓰여 동작의 지속이나 의문 어기를 나타냄	^너 **呢** ne

나 수업중이야.	^{워 상 커 너} **我上课呢。** Wǒ shàngkè ne.

접속사 ▼

~와	^{껀 허} **跟 (=和)** gēn (=hé)

~와(문어체)	위 **与** yǔ
그러나	단 스 **但是** dànshì
=	커 스 **可是** kěshì
=	부 궈 **不过** búguò
~하기 때문에 그래서 ~하다	인 웨이 숴 이 **因为~所以** yīnwèi ~ suǒyǐ
비록 ~하지만 그러나 ~하다	쑤이 란 단 스 **虽然~但是** suīrán ~ dànshì

감탄사 ▼

아이고! (불만)	아이 **哎!** āi!
아! (찬탄)	아 **啊!** a!
어머! (놀라움 · 불만)	아이 야 **哎呀!** āiyā!

의성어 ▼

| 꼬르륵, 수군수군 | 지 리 구 루
叽里咕噜
jīligūlū |

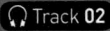

02

필수 동사

가다	去 쒸 qù	소리 내어 읽다	念 / 读 녠 두 niàn / dú
오다	来 라이 lái	독서하다	看书 칸 슈 kàn shū
보다	看 칸 kàn	묻다	问 원 wèn
말하다	说 쉐 shuō	대답하다	回答 후이 다 huídá
듣다	听 팅 tīng	만나다	见 젠 jiàn
쓰다	写 세 xiě	~와 만나다	和~见面 허 젠 몐 hé ~ jiànmiàn
글씨를 쓰다	写字 세 쯔 xiě zì	노래하다	唱 창 chàng

노래를 부르다	唱歌 창 거 chàng gē	화를 내다	生气 성 치 shēng qì
놀다	玩儿 왈 wánr	한턱내다	请客 칭 커 qǐng kè
살다	住 주 zhù	가르치다	教 쟈오 jiāo
가지고 있다	有 유 yǒu	배우다	学习 쉐 시 xuéxí
가지고 있지 않다	没有 메이 유 méiyǒu	쉬다	休息 슈 시 xiūxi
놓다	放 팡 fàng	먹다	吃 츠 chī
보내다	送 승 sòng	마시다	喝 허 hē

26

걷다, 가다	쩌우 **走** zǒu	닫다	관 **关** guān
울다	쿠 **哭** kū	주다	게이 **给** gěi
웃다	샤오 **笑** xiào	받다	셔우 **收** shōu
입다	촨 **穿** chuān	사다	마이 **买** mǎi
벗다	퉈 **脱** tuō	팔다	마이 **卖** mài
앉다, 타다	쮀 **坐** zuò	빌리다	제 **借** jiè
열다	카이 **开** kāi	~에게 빌려주다	제 게이 **借给** jiègěi~

갚다, 돌려주다	还 환 huán	수영을 하다	游泳 유 융 yóu yǒng
바꾸다	换 환 huàn	때리다	打 다 dǎ
도착하다	到 다오 dào	전화를 걸다	打电话 다 몐 화 dǎ diànhuà
생각하다	想 샹 xiǎng	공을 치다	打球 다 추 dǎ qiú
결정하다	决定 줴 딩 juédìng	시간을 걸리다	花时间 화 스 졘 huā shíjiān
기억하다, 외우다	记住 지 주 jìzhù	사용하다	用 융 yòng
헤엄치다	游 유 yóu	자르다	剪 졘 jiǎn

28

알다	^{즈 다오} **知道** zhīdao	결혼하다	^{제 훈} **结婚** jié hūn
사람을 알다	^{런 스} **认识** rènshi	제출하다	^{쟈오} **交** jiāo
찾다	^{쟈오} **找** zhǎo	만들다	^쭤 **做** zuò
꽃이 피다	^{카이 화} **开花** kāi huā	일을 하다	^{쭤 스} **做事** zuò shì
죽다	^쓰 **死** sǐ	일하다	^{궁 쭤} **工作** gōngzuò
담배를 태우다	^{처우 옌} **抽烟** chōu yān	출근하다	^{상 반} **上班** shàng bān
그림을 그리다	^{화 활} **画画儿** huà huàr	퇴근하다	^{샤 반} **下班** xià bān

29

수리하다	修理 _{슈 리} xiūlǐ	자다	睡觉 _{쉐이자오} shuì jiào
할 줄 안다	会 _{후이} huì	시작하다	开始 _{카이 스} kāishǐ
할 줄 모르다	不会 _{부 후이} búhuì	참가하다	参加 _{찬 자} cānjiā
돕다	帮助 _{방 주} bāngzhù	기다리다	等 _덩 děng
찍다	照 _{자오} zhào	이야기를 나누다	谈话 _{탄 화} tánhuà
사진을 찍다	照相 _{자오 샹} zhào xiàng	놀라다	吃惊 _{츠 징} chījīng
잃어버리다	丢 _듀 diū	이사하다	搬家 _{반 자} bān jiā

계약하다	쳰 허 퉁 **签合同** qiān hétong	나가다	추 취 **出去** chūqù
넘기다	판 **翻** fān	들어가다	진 취 **进去** jìnqù
내려오다	샤 라이 **下来** xiàlái	뛰쳐나가다	파오 추 취 **跑出去** pǎo chūqù
떨어지다	댜오 샤 라이 **掉下来** diào xiàlái		
일어나다	치 라이 **起来** qǐlái		
일어서다	잔 치 라이 **站起来** zhàn qǐlái		
달리다	파오 **跑** pǎo		

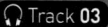

Track 03

03

필수 형용사

새롭다	_신 **新** xīn	안전하다	_{안 취안} **安全** ānquán
낡다	_주 **旧** jiù	좋다	_{하오} **好** hǎo
두껍다	_{허우} **厚** hòu	나쁘다	_{화이} **坏** huài
얇다	_{바오} **薄** báo	바쁘다	_망 **忙** máng
밝다	_량 **亮** liàng	한가하다	_셴 **闲** xián
어둡다	_안 **暗** àn	아름답다	_{메이 메이 리} **美 / 美丽** měi / měilì
위험하다	_{웨이 셴} **危险** wēixiǎn	예쁘다	_{파오 량} **漂亮** piàoliang

33

멋지다	帅 (솨이) shuài	유쾌하다	愉快 (위 콰이) yúkuài
근사하다	酷 (쿠) kù	즐겁다	开心 (카이 신) kāixīn
귀엽다	可爱 (커 아이) kě'ài	슬프다	难过 (난 궈) nánguò
못생겼다	丑 (처우) chǒu	많다	多 (뒤) duō
시끄럽다	吵 (차오) chǎo	적다	少 (샤오) shǎo
조용하다	安静 (안 징) ānjìng	크다	大 (다) dà
기쁘다	高兴 (가오 싱) gāoxìng	작다	小 (샤오) xiǎo

34

이상하다	奇怪 치 꽈이 qíguài	깨끗하다	干净 간 징 gānjìng
느리다	慢 만 màn	무섭다	害怕 하이 파 hàipà
빠르다	快 꽈이 kuài	고독하다	孤独 구 두 gūdú
무겁다	重 중 zhòng	외롭다	寂寞 지 모 jìmò
가볍다	轻 칭 qīng	뛰어나다, 대단하다	了不起 랴오 부 치 liǎo bu qǐ
재미있다	有意思 유 이 스 yǒu yìsi	훌륭하다	优秀 유 슈 yōuxiù
더럽다	脏 짱 zāng	넓다	宽 콴 kuān

좁다	窄 자이 zhǎi	길다	长 창 cháng
높다	高 가오 gāo	짧다	短 돤 duǎn
낮다	低 디 dī	졸리다	困 쿤 kùn
가깝다	近 진 jìn	부끄럽다	丢脸 듀 롄 diū liǎn
멀다	远 위안 yuǎn	수줍어하다	害羞 하이 슈 hàixiū
강하다	强 창 qiáng	이르다	早 짜오 zǎo
약하다	弱 뤄 ruò	늦다	晚 완 wǎn

36

굵다	^추 粗 cū	늙다	^{라오} 老 lǎo
가늘다	^시 细 xi	젊다	^{녠 칭} 年轻 niánqīng
어렵다	^난 难 nán	똑같다	^{이 양} 一样 yíyàng
쉽다	^{룽 이} 容易 róngyi	중요하다	^{중 야오} 重要 zhòngyào
친절하다	^{친 체} 亲切 qīnqiè	만족하다	^{만 이} 满意 mǎnyì
촌스럽다	^{헌 투} 很土 hěn tǔ	불편하다	^{부 팡 볜} 不方便 bù fāngbiàn
세련되다	^{스 마오} 时髦 shímáo	편리하다	^{팡 볜} 方便 fāngbiàn

37

몸이 불편하다	부 수 푸 **不舒服** bù shūfu	번거롭다	마 판 **麻烦** máfan
성실하다	라오 스 **老实** lǎoshi	부드럽다	롼 **软** ruǎn
부지런하다	친 라오 **勤劳** qínláo	딱딱하다	잉 **硬** yìng
유명하다	유 밍 **有名** yǒumíng	뚱뚱하다	팡 **胖** pàng
힘들다	레이 **累** lèi	마르다	셔우 **瘦** shòu
특별하다	터 볘 **特别** tèbié	비싸다	구이 **贵** guì
번화하다	판 화 **繁华** fánhuá	싸다	볜 이 **便宜** piányi

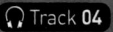

04

숫자 · 시간 · 단위

숫자 ▼

0	^링零 líng		6	^류六 liù
1	^이一 yī		7	^치七 qī
2	^얼二 / ^량两 èr / liǎng		8	^바八 bā
3	^싼三 sān		9	^주九 jiǔ
4	^쓰四 sì		10	^스十 shí
5	^우五 wǔ		20	^얼二^스十 èrshí
			30	^싼三^스十 sānshí

40

40	쓰 스 四十 sìshí	105	이 바이 링 우 一百零五 yìbǎi líng wǔ
50	우 스 五十 wǔshí	150	이 바이 우 (스) 一百五(十) yìbǎi wǔ(shí)
60	류 스 六十 liùshí	1000	이 첸 一千 yìqiān
70	치 스 七十 qīshí	1030	이 첸 링 싼 스 一千零三十 yìqiān líng sānshí
80	바 스 八十 bāshí	1003	이 첸 링 싼 一千零三 yìqiān líng sān
90	주 스 九十 jiǔshí	10000	이 완 一万 yíwàn
100	이 바이 一百 yìbǎi	1억	이 이 一亿 yí yì

0.6	링 뗀 류 **零点六** líng diǎn liù		다 두이 저 **= 打对折** dǎ duì zhé
0.65	링 뗀 류 우 **零点六五** líng diǎn liù wǔ	2/3	싼 펀 즈 얼 **三分之二** sān fēn zhī èr
25%	바이 펀 즈 얼 스 우 **百分之二十五** bǎi fēnzhī èrshí wǔ	1/4	쓰 펀 즈 이 **四分之一** sì fēn zhī yī
20%세일	다 바 저 **打八折** dǎ bā zhé		
30%세일	다 치 저 **打七折** dǎ qī zhé	**시간**	▼
50%세일	다 반 저 **打半折** dǎ bàn zhé	몇 시죠?	지 뗀 **几点?** Jǐ diǎn?
	다 우 저 **= 打五折** dǎ wǔ zhé	한 시	이 뗀 **一点** yī diǎn

두 시	两点 liǎng diǎn <small>량 뗸</small>	45분	四十五分 / 三刻 sìshíwǔ fēn / sān kè <small>쓰스우펀 싼커</small>
세 시	三点 sān diǎn <small>싼 뗸</small>	7:15	七点十五分 qī diǎn shíwǔ fēn <small>치 뗸 스우펀</small>
여덟 시	八点 bā diǎn <small>바 뗸</small>		= 七点一刻 qī diǎn yí kè <small>치 뗸 이 커</small>
아홉 시	九点 jiǔ diǎn <small>주 뗸</small>	4:30	四点三十分 sì diǎn sānshí fēn <small>쓰 뗸 싼스펀</small>
12시	十二点 shí'èr diǎn <small>스 얼 뗸</small>		= 四点半 sì diǎn bàn <small>쓰 뗸 반</small>
15분	十五分 / 一刻 shíwǔ fēn / yí kè <small>스우펀 이 커</small>	5:45	五点四十五分 wǔ diǎn sìshíwǔ fēn <small>우 뗸 쓰스우펀</small>
30분	三十分 / 半 sānshí fēn / bàn <small>싼스펀 반</small>		= 五点三刻 wǔ diǎn sān kè <small>우 뗸 싼 커</small>

~분 전 ~시	**差~分~点** chà fēn diǎn	새벽	**凌晨** língchén
2:55	**两点五十五分** liǎng diǎn wǔshíwǔ fēn	아침	**早上** zǎoshang
	= **差五分三点** chà wǔ fēn sān diǎn	대낮	**白天** báitiān
12:55	**十二点五十五分** shí'èr diǎn wǔshíwǔ fēn	점심	**中午** zhōngwǔ
	= **差五分一点** chà wǔ fēn yī diǎn	해질 무렵	**傍晚** bàngwǎn
오전	**上午** shàngwǔ	저녁	**晚上** wǎnshang
오후	**下午** xiàwǔ	심야	**半夜** bànyè

44

시간	샤오 스 **小时** xiǎoshí	어제	쭤 톈 **昨天** zuótiān
몇 시간이 걸리죠?	지 거 샤오 스 **几个小时?** Jǐ ge xiǎoshí?	오늘	진 톈 **今天** jīntiān
두 시간	량 거 샤오 스 **两个小时** liǎng ge xiǎoshí	내일	밍 톈 **明天** míngtiān
세 시간	싼 거 샤오 스 **三个小时** sān ge xiǎoshí	모레	허우 톈 **后天** hòutiān
그 그끄저께	다 다 쳰 톈 **大大前天** dàdà qiántiān	글피	다 허우 톈 **大后天** dà hòutiān
그끄저께	다 쳰 톈 **大前天** dà qiántiān	그글피	다 다 허우 톈 **大大后天** dàdà hòutiān
그저께	쳰 톈 **前天** qiántiān	무슨 요일이죠?	싱 치 지 **星期几?** Xīngqī jǐ?

일요일	싱 치 톈 **星期天** xīngqī tiān	지지난주	상 상 거 싱 치 **上上个星期** shàngshàng ge xīngqī
월요일	싱 치 이 **星期一** xīngqī yī	지난주	상 거 싱 치 **上个星期** shàng ge xīngqī
화요일	싱 치 얼 **星期二** xīngqī èr	이번주	저 거 싱 치 **这个星期** zhè ge xīngqī
수요일	싱 치 싼 **星期三** xīngqī sān	다음주	샤 거 싱 치 **下个星期** xià ge xīngqī
목요일	싱 치 쓰 **星期四** xīngqī sì	다다음주	샤 샤 거 싱 치 **下下个星期** xià xià ge xīngqī
금요일	싱 치 우 **星期五** xīngqī wǔ	매주	메이 거 싱 치 **每个星期** měi ge xīngqī
토요일	싱 치 류 **星期六** xīngqī liù	하루	이 톈 **一天** yìtiān

이틀	^{량 톈} **两天** liǎngtiān	몇 월이죠?	^{지 웨} **几月?** Jǐ yuè?
나흘	^{싼 톈} **三天** sāntiān	1월	^{이 웨} **一月** yī yuè
매일	^{메이 톈} **每天** měitiān	2월	^{얼 웨} **二月** èr yuè
일 년	^{이 녠} **一年** yì nián	3월	^{싼 웨} **三月** sān yuè
이 년	^{량 녠} **两年** liǎng nián	4월	^{쓰 웨} **四月** sì yuè
삼 년	^{싼 녠} **三年** sān nián	5월	^{우 웨} **五月** wǔ yuè
매년	^{메이 녠} **每年** měinián	6월	^{류 웨} **六月** liù yuè

7월	치 웨 **七月** qī yuè	몇 개월이죠?	지 거 웨 **几个月?** Jǐ ge yuè?
8월	바 웨 **八月** bā yuè	한 달	이 거 웨 **一个月** yí ge yuè
9월	주 웨 **九月** jiǔ yuè	두 달	량 거 웨 **两个月** liǎng ge yuè
10월	스 웨 **十月** shí yuè	석 달	싼 거 웨 **三个月** sān ge yuè
11월	스 이 웨 **十一月** shíyī yuè	4개월	쓰 거 웨 **四个月** sì ge yuè
12월	스 얼 웨 **十二月** shí'èr yuè	5개월	우 거 웨 **五个月** wǔ ge yuè
매달	메이 거 웨 **每个月** měi ge yuè	6개월	류 거 웨 **六个月** liù ge yuè

7개월	七个月 qī ge yuè		추석	中秋节 zhōngqiūjié
8개월	八个月 bā ge yuè		설날	春节 chūnjié
9개월	九个月 jiǔ ge yuè		국경일	国庆节 guóqìngjié
10개월	十个月 shí ge yuè		새해	新年 xīnnián
11개월	十一个月 shíyī ge yuè			= 元旦 yuándàn
12개월	十二个月 shí'èr ge yuè		주말	周末 zhōumò
성탄절	圣诞节 shèngdànjié		월초	月初 yuèchū

월말	月底 웨 디 yuèdǐ	단위 ▼	
	= 月末 웨 모 yuèmò	킬로미터	公里 궁 리 gōnglǐ
연초	年初 녠 추 niánchū	미터	米 미 mǐ
연말	年底 녠 디 niándǐ	센티미터	公分 궁 펀 gōngfēn
	= 年末 녠 모 niánmò		= 厘米 리 미 límǐ
		킬로그램	公斤 궁 진 gōngjīn
		그램	克 커 kè

톤	둔 **吨** dūn	책 세 권	싼 번 슈 **三本书** sān běn shū
제곱미터	핑 팡 미 **平方米** píngfāng mǐ	잔, 컵 잔을 세는 단위	베이 **杯** bēi
개 가장 일반으로 널리 쓰이는 단위	거 **个** ge	커피 한 잔	이 베이 카 페이 **一杯咖啡** yì bēi kāfēi
한 명 / 한 사람	이 거 런 **一个人** yí ge rén	녹차 두 잔	량 베이 뤼 차 **两杯绿茶** liǎng bēi lǜchá
여동생 한 명	이 거 메이메이 **一个妹妹** yí ge mèimei	병 병을 세는 단위	핑 **瓶** píng
권 책을 세는 단위	번 **本** běn	콜라 한 병	이 핑 커 러 **一瓶可乐** yì píng kělè
소설 두 권	량 번 샤오 숴 **两本小说** liǎng běn xiǎoshuō	탄산음료 두 병	량 핑 치 쉐이 **两瓶汽水** liǎng píng qìshuǐ

51

장 평면을 가진 사물을 세는 단위	^장 **张** zhāng	돼지 한 마리	^{이 즈 주} **一只猪** yì zhī zhū
책상 하나	^{이 장 줘 쯔} **一张桌子** yì zhāng zhuōzi	호랑이 두 마리	^{량 즈 라오 후} **两只老虎** liǎng zhī lǎohu
영화표 두 장	^{량 장 뗸 잉 퍄오} **两张电影票** liǎng zhāng diànyǐngpiào	자루 손잡이가 있는 것을 세는 단위	^바 **把** bǎ
줄기, 마디 가늘고 긴 것을 세는 단위	^{탸오} **条** tiáo	우산 한 자루	^{이 바 싼} **一把伞** yì bǎ sǎn
한 줄기의 강물	^{이 탸오 허} **一条河** yì tiáo hé	의자 하나	^{이 바 이즈} **一把椅子** yì bǎ yǐzi
바지 두 벌	^{량 탸오 쿠 쯔} **两条裤子** liǎng tiáo kùzi	조각 덩어리로 되어 있는 것을 세는 단위	^{콰이} **块** kuài
마리 동물을 세는 단위	^즈 **只** zhī	얼음 한 조각	^{이 콰이 빙 콰이} **一块冰块** yí kuài bīngkuài

케이크 두 조각	<ruby>两<rt>량</rt></ruby><ruby>块<rt>콰이</rt></ruby><ruby>蛋<rt>단</rt></ruby><ruby>糕<rt>가오</rt></ruby> **两块蛋糕** liǎng kuài dàngāo
켤레	<ruby>双<rt>솽</rt></ruby> **双** shuāng
신발 한 켤레	<ruby>一<rt>이</rt></ruby><ruby>双<rt>솽</rt></ruby><ruby>鞋<rt>셰</rt></ruby> **一双鞋** yì shuāng xié
장갑 한 켤레	<ruby>一<rt>이</rt></ruby><ruby>双<rt>솽</rt></ruby><ruby>手<rt>서우</rt></ruby><ruby>套<rt>타오</rt></ruby> **一双手套** yì shuāng shǒutào

05

신체

얼굴 ▼		입술	쭈이 춘 **嘴唇** zuǐchún
얼굴	렌 **脸** liǎn	치아	야 츠 **牙齿** yáchǐ
이마	어 터우 **额头** étou	귀	얼 둬 **耳朵** ěrduo
눈	옌 징 **眼睛** yǎnjing		
눈썹	메이마오 **眉毛** méimao	신체 ▼	
코	비 쯔 **鼻子** bízi	몸	선 티 **身体** shēntǐ
입	쭈이 바 **嘴巴** zuǐba	머리	터우 **头** tóu

55

목	脖子 보 쯔 bózi	무릎	膝盖 시 가이 xīgài
가슴	胸部 슝 부 xiōngbù	다리	腿 투이 tuǐ
유방	乳房 루 팡 rǔfáng	허벅지	大腿 다 투이 dàtuǐ
팔	胳膊 거 보 gēbo	종아리	小腿 샤오 투이 xiǎotuǐ
허리	腰 야오 yāo	손	手 셔우 shǒu
어깨	肩膀 젠 방 jiānbǎng	손가락	手指 셔우 즈 shǒuzhǐ
배	肚子 두 즈 dùzi	손바닥	手掌 셔우 장 shǒuzhǎng

발	자오 **脚** jiǎo	위	웨이 **胃** wèi
복근	푸 지 **腹肌** fùjī	간	간 **肝** gān
식스팩	류 콰 푸 지 **六块腹肌** liùkuài fùjī	폐	페이 **肺** fèi
근육	지 러우 **肌肉** jīròu	대장	다 창 **大肠** dàcháng
등	베이 **背** bèi	신장	선 짱 **肾脏** shènzàng
엉덩이	피 구 **屁股** pìgu	방광	팡 광 **膀胱** pángguāng
심장	신 짱 **心脏** xīnzàng		

건강 ▼

감기에 걸리다	^{간 마오} 感冒 gǎnmào
기침하다	^{커 쒀우} 咳嗽 késou
재채기 하다	^{다 펀 티} 打喷提 dǎ pēnti
머리가 아프다	^{터우 텅} 头疼 tóu téng
배가 아프다	^{두 즈 텅} 肚子疼 dùzi téng
열이 나다	^{파 샤오} 发烧 fā shāo
오한이 나다	^{파 렁} 发冷 fā lěng
설사하다	^{라 두 즈} 拉肚子 lā dùzi
목이 아프다	^{상 즈 텅} 嗓子疼 sǎngzi téng
매스껍다	^{어 신} 恶心 ěxīn
토하다	^투 吐 tù
어지럽다	^{터우 윈} 头晕 tóuyūn
기절하다	^{윈 다오} 晕倒 yūndǎo

58

쥐가 나다	^{파 마} **发麻** fāmá	빈혈이 있다	^{핀 쉐} **贫血** pínxuè
염증이 나다	^{파 옌} **发炎** fāyán	식중독	^{스 우 중 두} **食物中毒** shíwù zhòngdú
가렵다	^양 **痒** yǎng	고혈압	^{가오 쉐 야} **高血压** gāoxuèyā
쑤시고 아프다	^{쏸 퉁} **酸痛** suāntòng	당뇨병	^{탕 냐오 빙} **糖尿病** tángniàobìng
완치되었다	^{즈 하오 러} **治好了** zhìhǎo le	암	^{아이} **癌** ái
코피를 흘리다	^{류 비 쉐} **流鼻血** liú bíxuè	심장병	^{신 짱 빙} **心脏病** xīnzàngbìng
알레르기 반응이 있다	^{궈 민} **过敏** guòmǐn	맹장염	^{망 창 옌} **盲肠炎** mángchángyán

관절염	关节炎 관 제 옌 guānjiéyán	링거를 맞다	打吊针 다 댜오 전 dǎ diàozhēn
허리디스크	腰椎间盘突出症 야오주이 젠 판 투 추 정 yāozhuījiānpán tūchūzhèng	입원하다	住院 주 위안 zhù yuàn
콜레스테롤	胆固醇 단 구 춘 dǎngùchún	퇴원하다	出院 추 위안 chū yuàn
콜레스테롤이 높다	胆固醇很高。 단 구 춘 헌 가오 Dǎngùchún hěn gāo.	CT검사를 하다	做CT检查 쭤 C T 젠 차 zuò CT jiǎnchá
수술하다	动手术 둥 서 우 dòng shǒushù	MRI	核磁共振 허 츠 궁 전 hécígòngzhèn
체온을 재다	量体温 량 티 원 liáng tǐwēn	MRI검사를 하다	做MRI检查 쭤 M R I 젠 차 zuò MRI jiǎnchá
주사를 맞다	打针 다 전 dǎ zhēn	엑스레이를 찍다	拍X光 파이 X 광 pāi X guāng

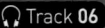

06

가족과 나라

집에 몇 식구가 있어요?	^{니 자 유 지 커우 런} **你家有几口人?** Nǐ jiā yǒu jǐ kǒu rén?	아빠	^{바 바} **爸爸** bàba
우리 집은 네 식구가 살아요.	^{워 자 유 쓰 커우 런} **我家有四口人。** Wǒ jiā yǒu sì kǒu rén.	엄마	^{마 마} **妈妈** māma

가족 ▼		오빠, 형	^{거 거} **哥哥** gēge
		언니, 누나	^{제 제} **姐姐** jiějie
가정	^{자 팅} **家庭** jiātíng	남동생	^{디 디} **弟弟** dìdi
가족	^{자 주} **家族** jiāzú	여동생	^{메이 메이} **妹妹** mèimei
	= ^{자 런} **家人** jiārén	할아버지	^{예 예} **爷爷** yéye

할머니	나이 나이 **奶奶** nǎinai	고모	구 구 **姑姑** gūgu
손자	쑨 쯔 **孙子** sūnzǐ	고모부	구 푸 **姑父** gūfu
손녀	쑨 뉘 **孙女** sūnnǚ	이모	아 이 **阿姨** āyí
삼촌	슈 슈 **叔叔** shūshu	이모부	이 푸 **姨夫** yífū
작은 어머니	슈 무 **叔母** shūmǔ		이 장 = **姨丈** yízhàng
외삼촌	주 주 **舅舅** jiùjiu	시아버지	궁 궁 **公公** gōnggong
외숙모	주 무 **舅母** jiùmǔ	시어머니	포 포 **婆婆** pópo

며느리	시 푸 **媳妇** xífù	여보 부인이 남편을 부르는 호칭	라오 궁 **老公** lǎogong
사위	뉘 쉬 **女婿** nǚxù	큰 형님, 큰 오빠	다 거 **大哥** dàgē
부인	타이 타이 **太太** tàitai	둘째 오빠	얼 거 **二哥** èrgē
	치 쯔 = **妻子** qīzi	셋째 오빠	싼 거 **三哥** sāngē
남편	셴 성 **先生** xiānsheng	장남	장 쯔 **长子** zhǎngzǐ
	장 푸 = **丈夫** zhàngfu	둘째 아들	츠 쯔 **次子** cìzǐ
여보 남편이 부인을 부르는 호칭	라오 포 **老婆** lǎopo	큰 아들	다 얼 쯔 **大儿子** dà érzi

작은 아들	샤오 얼 쯔 **小儿子** xiǎo érzi	어린이	샤오 하이 **小孩** xiǎohái
형제	슝 디 **兄弟** xiōngdì	=	얼 퉁 **儿童** értóng
막내	라오 샤오 **老小** lǎoxiǎo	남학생 남자	난 성 **男生** nánshēng
(아빠 쪽) 사촌 형제	탕 슝 디 **堂兄弟** tángxiōngdì	여학생 여자	뉘 성 **女生** nǚshēng
(엄마 쪽) 사촌 형제	뱌오 슝 디 **表兄弟** biǎoxiōngdì	남자친구(애인)	난 펑 유 **男朋友** nán péngyou
남자 아이	난 하이 **男孩** nánhái	여자친구(애인)	뉘 펑 유 **女朋友** nǚ péngyou
여자 아이	뉘 하이 **女孩** nǚhái	남자 이성 친구	난 더 펑 유 **男的朋友** nán de péngyou

여자 이성 친구	뉘 더 펑유 **女的朋友** nǚ de péngyou	한국	한 궈 **韩国** Hánguó
		대한민국	다 한 민 궈 **大韩民国** Dǎ hán mín guó

나라 ▼

		중국	중 궈 **中国** Zhōngguó
당신은 어느 나라 사람입니까?	니 스 나 궈 런 **你是哪国人?** Nǐ shì nǎ guó rén?	타이완	타이 완 **台湾** Táiwān
당신은 어디에서 왔나요?	니 스 나 리 런 **你是哪里人?** Nǐ shì nǎli rén?	미국	메이 궈 **美国** Měiguó
나는 ~사람입니다.	워 스 런 **我是(나라)人。** Wǒ shì ~ rén	러시아	어 뤄 쓰 **俄罗斯** É luó sī
나라	궈 자 **国家** guójiā	일본	르 번 **日本** Rìběn

캐나다	<ruby>加<rt>자</rt>拿<rt>나</rt>大<rt>다</rt></ruby> Jiānádà	스웨덴	<ruby>瑞<rt>루이</rt>典<rt>뎬</rt></ruby> Ruìdiǎn
멕시코	<ruby>墨<rt>모</rt>西<rt>시</rt>哥<rt>거</rt></ruby> Mòxīgē	네덜란드	<ruby>荷<rt>허</rt>兰<rt>란</rt></ruby> Hélán
모스크바	<ruby>莫<rt>모</rt>斯<rt>쓰</rt>科<rt>커</rt></ruby> Mòsīkē	프랑스	<ruby>法<rt>파</rt>国<rt>궈</rt></ruby> Fǎguó
브라질	<ruby>巴<rt>바</rt>西<rt>시</rt></ruby> Bāxī	영국	<ruby>英<rt>잉</rt>国<rt>궈</rt></ruby> Yōngguó
노르웨이	<ruby>挪<rt>눠</rt>威<rt>웨이</rt></ruby> Nuówēi	독일	<ruby>德<rt>더</rt>国<rt>궈</rt></ruby> Déguó
덴마크	<ruby>丹<rt>단</rt>麦<rt>마이</rt></ruby> Dānmài	스페인	<ruby>西<rt>시</rt>班<rt>반</rt>牙<rt>야</rt></ruby> Xībānyá
스위스	<ruby>瑞<rt>루이</rt>士<rt>스</rt></ruby> Ruìshì	이탈리아	<ruby>意<rt>이</rt>大<rt>다</rt>利<rt>리</rt></ruby> Yìdàlì

이집트	埃及 아이 지 Āijí
베트남	越南 웨 난 Yuènán
태국	泰国 타이 궈 Tàiguó
싱가포르	新加坡 신 자 포 Xīnjiāpō
인도네시아	印尼 인 니 Yìnní
인도	印度 인 두 Yìndù
오스트레일리아	澳大利亚 아오 다 리 야 Àodàlìyà

뉴질랜드	新西兰 신 시 란 Xīnxīlán

07

외모 · 성격 표현

외모

한국어	중국어	병음

외모
와이 마오
外貌
wàimào

키가 작다
아이
矮
ǎi

풍만하다
펑 만
丰满
fēngmǎn

너무 말랐다
타이 셔우 러
太瘦了
tài shòu le

날씬하다
먀오 탸오
苗条
miáotiáo

뚱뚱하지도
마르지도 않다
부 팡 부 셔우
不胖不瘦
bú pàng bú shòu

작고 뚱뚱하다
아이 팡
矮胖
ǎipàng

키가 크고 말랐다
가오 셔유
高瘦
gāoshòu

튼튼하다
창 좡
强壮
qiángzhuàng

우아하다
유 야
优雅
yōuyá

예쁘게 생기다
장 더 하오 칸
长得好看
zhǎng de hǎokàn

보통으로 생기다
장 더 이 반
长得一般
zhǎng de yibān

옷차림이 장소에
걸맞다
촨 줘 더 티
穿着得体
chuānzhuó détǐ

예쁘게 입었다	촨 더 퍄오 량 **穿得漂亮** zhuān de piàoliang
옷차림이 깔끔하고 단정하다	이 줘 간 징 정 치 **衣着干净整洁** yīzhuó gānjing zhěngjié
옷차림이 깔끔하지 않다	이 줘 부 정 치 **衣着不整洁** yīzhuó bù zhěngjié
아름답다	메이 리 **美丽** měili
훤칠하다	잉 쥔 **英俊** yīngjùn
못생기다	처우 러우 **丑陋** chǒulòu
곱슬 머리	쥐안 파 **卷发** juǎnfà

성격 ▼

그는 기분파이다. 아래 단어로 활용 가능	타 스 거 이 치 융 스 더 런 **他是个意气用事的人。** Tā shì ge yì qì yòng shì de rén.
기분파, 기분에 좌우되는 사람	이 치 융 스 **意气用事** yì qì yòng shì
인내심이 있다	유 나이 신 **有耐心** yǒu nàixīn
판단력이 있다	유 판 돤 리 **有判断力** yǒu pànduànli
동정심이 풍부하다	푸 유 퉁 칭 신 **富有同情心** fùyǒu tóngqíngxīn
남에게 너그럽다	콴 룽 타 런 **宽容他人** kuānróng tārén

말주변이 좋다	유 커우차이 **有口才** yǒu kǒucái	착실하다	타 스 **踏实** tāshi
우호적이다	유 하오 **友好** yǒuhǎo	배짱이 있다	다 단 **大胆** dàdǎn
남의 말에 귀 기울인다	산 위 링 팅 **善于聆听** shànyú língtīng	인색하지 않다	다 팡 **大方** dàfāng
남을 돕기를 좋아한다	러 위 주 런 **乐于助人** lèyú zhùrén	도량이 넓고 크다	콴 훙 다 량 **宽宏大量** kuān hóng dà liàng
외향적이다	와이 샹 **外向** wànxiàng	마음이 넓다	신 슝 콴 다 **心胸宽大** xīnxiōng kuāndà
부주의하다	추 신 **粗心** cūxīn	속이 좁다	신 슝 샤 자이 **心胸狭窄** xīnxiōng xiázhǎi
검소하다	젠 푸 **俭朴** jiǎnpǔ	건망증이 있다	젠 왕 **健忘** jiànwàng

믿을 만하다	커 카오 **可靠** kěkào	모험을 즐긴다	아이마오 셴 **爱冒险** ài màoxiǎn
무미건조하다	링 런 파 웨이 **令人乏味** lìngrén fáwèi	유머 감각이 있다	유 유 모 간 **有幽默感** yǒu yōumògǎn
보수적이다	바오 셔우 **保守** bǎoshǒu	예민하다	민 간 **敏感** mǐngǎn
생각이 보수적이다	스 샹 바오 셔우 **思想保守** sīxiǎng bǎoshǒu	말을 잘 듣는다	팅 화 **听话** tīng huà
생각이 개방적이다	스 샹 카이 팡 **思想开放** sīxiǎng kāifàng	시간을 잘 지킨다	셔우 스 **守时** shǒushí
배우기를 좋아한다	산 위 쉐 시 **善于学习** shànyú xuéxí		쥰 스 **= 准时** zhǔnshí
현실주의	셴 스 주 이 **现实主义** xiànshí zhǔyì	정확하다	징 췌 **精确** jīngquè

73

착하다	<ruby>善良<rt>산 량</rt></ruby> shànliáng	순수하다	<ruby>纯真<rt>춘 전</rt></ruby> chúnzhēn
엄격하다	<ruby>严厉<rt>옌 리</rt></ruby> yánlì	실질적이다	<ruby>务实<rt>우 스</rt></ruby> wùshí
기개가 있다	<ruby>慷慨<rt>캉 카이</rt></ruby> kāngkǎi	민첩하다	<ruby>灵活<rt>링 휘</rt></ruby> línghuó
진실하다	<ruby>诚实<rt>청 스</rt></ruby> chéngshi	신중하다	<ruby>谨慎<rt>진 선</rt></ruby> jǐnshèn
솔직하다	<ruby>直率<rt>즈 솨이</rt></ruby> zhíshuài	성실하다	<ruby>认真<rt>런 전</rt></ruby> rènzhēn
활발하다	<ruby>活泼<rt>휘 포</rt></ruby> huópō	말이나 행동이 시원하다	<ruby>洒脱<rt>싸 퉈</rt></ruby> sǎtuō
효도하다	<ruby>孝顺<rt>샤오 순</rt></ruby> xiàoshùn	똑똑하다	<ruby>聪明<rt>총 밍</rt></ruby> cōngming

충직하다	忠诚 중 청 zhōngchéng	부지런하다	勤奋 친 펀 qínfèn
적극적이다	积极 지 지 jījí	부지런하고 고생을 두려워하지 않는다	勤勉刻苦 친 몐 커 쿠 qínmiǎn kèkǔ
소극적이다	消极 샤오 지 xiāojí	상상력이 풍부하다	想象力丰富 샹 샹 리 펑 푸 xiǎngxiànglì fēngfù
낙관적이다	乐观 러 관 lèguān	독립적이다	独立自主 두 리 쯔 주 dúlì zìzhǔ
비관적이다	悲观 베이 관 bēiguān	교양이 있다	有教养 유 자오 양 yǒu jiàoyǎng
책임을 다한다	尽责 진 저 jìnzé	리더십이 있다	有领导才能 유 링 다 차이 넝 yǒu lǐngdǎo cáinéng
게으르다	懒 란 lǎn	도전을 좋아한다	热爱挑战 러 아이타오 잔 rè'ài tiǎozhàn

질서정연하다	징 란 유 쉬 **井然有序** jǐngrán yǒuxù	패기가 있다	유 즈 치 **有志气** yǒu zhìqì
매사가 조심스럽다	샤오 신 이 이 **小心翼翼** xiǎoxīn yìyì	진취적이다	유 진 취 신 **有进取心** yǒu jìnqǔxīn
완벽주의	완 메 주 이 **完美主义** wánměi zhǔyì	의지가 강하다	이 즈 쩬 창 **意志坚强** yìzhì jiānqiáng
문제 해결을 잘 한다	산 위 제 줴 원 티 **善于解决问题** shànyú jiějué wèntí	한 번 하면 끝까지 한다	쩬 츠 다오 디 **坚持到底** jiānchí dàodǐ
매력이 있다	유 메이 리 **有魅力** yǒu mèilì	다재다능하다	둬 차이 둬 이 **多才多艺** duōcái duōyì
굉장히 세심하다	관 주 시 제 **关注细节** guānzhù xìjié	성격이 온화하다	싱 거 원 허 **性格温和** xìnggé wēnhé
멀리 내다보는 안목이 있다	유 위안 쩬 **有远见** yǒu yuǎnjiàn	예의가 바르다	유 리 마오 **有礼貌** yǒu lǐmào

노련하다	很老练 hěn lǎoliàn 헌 라오 롄
감정기복이 있다	情绪化 qíngxùhuà 칭 쉬 화
적응력이 강하다	适应性很强 shìyìngxìng hěn qiáng 스 잉 싱 헌 창
웅지를 품고 있다	有雄心 yǒu xióngxīn 유 슝 신
분석하는 것을 좋아한다	善于分析 shànyú fēnxī 산 위 펀 시
예술적인 재능이 있다	有艺术天分 yǒu yìshù tiānfèn 유 이 슈 톈 펀
능력이 있다	有能力 yǒu mèili 유 넝 리

타인과 협력을 잘 한다	乐意合作 lèyì hézuò 러 이 허 쭤
창의적이다	有创造性 yǒu chuàngzàoxìng 유 촹 짜오 싱
효율적이다	有效率 yǒu xiàolǜ 유 샤오 뤼
매사에 의욕이 넘친다	精力充沛 jīnglì chōngpèi 징 리 충 페이
자존심이 강하다	自尊心很强 zìzūnxīn hěn qiáng 쯔 쭌 신 헌 창
소유욕이 강하다	占有欲很强 zhànyǒuyù hěn qiáng 잔 유 위 헌 창

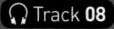

08

띠와 별자리

12개의 띠 ▼

무슨 띠에요?
你属什么?
니 슈 선 머
Nǐ shǔ shénme?

돼지띠입니다.
我属猪。
워 슈 주
Wǒ shǔ zhū.

12개의 띠
十二生肖
스 얼 성 샤오
shí'èr shēngxiào

동물
动物
둥 우
dòngwù

쥐
鼠
슈
shǔ

소
牛
뉴
niú

호랑이
虎
후
hǔ

토끼
兔
투
tù

뱀
蛇
서
shé

말
马
마
mǎ

양
羊
양
yáng

원숭이
猴
허우
hóu

닭
鸡
지
jī

79

개	거우 **狗** gǒu
돼지	주 **猪** zhū
용	룽 **龙** lóng

별자리 ▼

무슨 별자리에요?	니 스 선 머 싱 쭤 **你是什么星座?** Nǐ shì shénme xīngzuò?
게자리입니다.	워 스 쥐 셰 쭤 **我是巨蟹座。** Wǒ shì jùxièzuò.

12개의 별자리	스 얼 싱 쭤 **十二星座** shí'èr xīngzuò
물병자리	쉐이 핑 쭤 **水瓶座** shuǐpínhzuò
물고기자리	쌍 위 쭤 **双鱼座** shuāngyúzuò
양자리	바이 양 쭤 **白羊座** báiyángzuò
=	무 양 쭤 **牧羊座** mùyángzuò
황소자리	진 뉴 쭤 **金牛座** jīnniúzuò
쌍둥이자리	쌍 쯔 쭤 **双子座** shuāngzǐzuò

게자리	巨蟹座 쥐 세 쭤 jùxièzuò
사자자리	狮子座 스 쯔 쭤 shīzǐzuò
처녀자리	处女座 추 뉘 쭤 chǔnǚzuò
천칭자리	天秤座 톈 핑 쭤 tiānpíngzuò
전갈자리	天蝎座 톈 세 쭤 tiānxièzuò
사수자리	射手座 서 서우 쭤 shèshǒuzuò
염소자리	摩羯座 모 제 쭤 mójiézuò

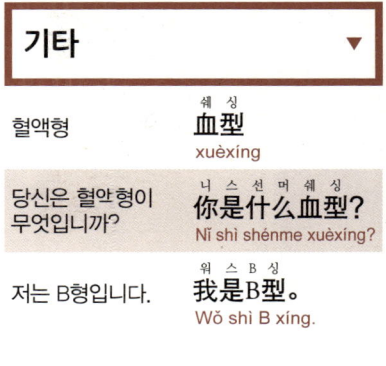

기타 ▼

혈액형	血型 쉐 싱 xuèxíng
당신은 혈액형이 무엇입니까?	你是什么血型? 니 스 션 머 쉐 싱 Nǐ shì shénme xuèxíng?
저는 B형입니다.	我是B型。 워 스 B 싱 Wǒ shì B xíng.

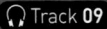

09

음식

메뉴	<ruby>차이 단</ruby> **菜单** càidān
종업원	<ruby>푸 우 위안</ruby> **服务员** fúwùyuán
요리를 주문하다	<ruby>뎬 차이</ruby> **点菜** diǎn cài
냉채 (전채요리)	<ruby>량 차이</ruby> **凉菜** liángcài
뜨거운 요리 (메인요리)	<ruby>러 차이</ruby> **热菜** rècài
후식	<ruby>톈 뎬</ruby> **甜点** tiándiǎn

찻물	<ruby>차 쉐이</ruby> **茶水** cháshuǐ
계산이요!	<ruby>마이 단</ruby> **买单** mǎidān
먹다	<ruby>츠</ruby> **吃** chī
마시다	<ruby>허</ruby> **喝** hē
갈증 나다	<ruby>커</ruby> **渴** kě
맛이 변했다	<ruby>볜 웨이(=월) 러</ruby> **变味儿了** biàn wèir le
맛있다	<ruby>하오 츠</ruby> **好吃** hǎochī

83

맛이 없다	부 하오 츠 **不好吃** bù hǎochī	점심식사	우 판 **午饭** wǔfàn
신선하다	신 셴 **新鲜** xīnxiān	저녁식사	완 판 **晚饭** wǎnfàn
신선하지 않다	부 신 셴 **不新鲜** bù xīnxiān	간식	링 스 **零食** língshí
밥	판 **饭** fàn	안주	샤오차이 **小菜** xiǎocài
반찬, 요리	차이 **菜** cài	야식	샤오 예 **宵夜** xiāoyè
배고프다	어 **饿** è	밥을 하다	쮀 판 **做饭** zuò fàn
아침식사	짜오 판 **早饭** zǎofàn	요리하다	쮀 차이 **做菜** zuò cài

입맛이 없다	메 이 웨이 커우 **没有胃口** méiyǒu wèikǒu	**맛** ▼
편식하다	탸오 스 **挑食** tiāoshí	달다	톈 **甜** tián
물렸다, 질렸다	츠 니 러 **吃腻了** chīnì le	떫다	써 **涩** sè
테이크아웃	와이 다이 **外带** wàidài	맛	웨이 다오 **味道** wèidao
=	다이 쩌우 **带走** dàizǒu	맵다	라 **辣** là
식당 안에서 먹다	짜이 절 츠 **在这儿吃** Zài zhèr chī	시다	쏸 **酸** suān
		싱겁다	단 **淡** dàn

쓰다	苦 쿠 kǔ
짜다	咸 셴 xián

과일 ▼

감	柿子 스 쯔 shìzi
과일	水果 쉐이 궈 shuǐguǒ
귤	橘子 쥐 쯔 júzi

딸기	草莓 차오메이 cǎoméi
망고	芒果 망 궈 mángguǒ
참외	香瓜 샹 과 xiāngguā
바나나	香蕉 샹 쟈오 xiāngjiāo
배	梨子 리 쯔 lízi
복숭아	桃子 타오 쯔 táozi
사과	苹果 핑 궈 píngguǒ

사과를 깎다	<ruby>削<rt>샤오</rt></ruby><ruby>苹<rt>핑</rt></ruby><ruby>果<rt>궈</rt></ruby> xiāo píngguǒ	포도	<ruby>葡<rt>푸</rt></ruby><ruby>萄<rt>타오</rt></ruby> pútao
수박	<ruby>西<rt>시</rt></ruby><ruby>瓜<rt>과</rt></ruby> xīguā		
수박을 썰다	<ruby>切<rt>체</rt></ruby><ruby>西<rt>시</rt></ruby><ruby>瓜<rt>과</rt></ruby> qiē xīguā	**음료** ▼	
자두	<ruby>李<rt>리</rt></ruby><ruby>子<rt>쯔</rt></ruby> lǐzi	과일주수	<ruby>果<rt>궈</rt></ruby><ruby>汁<rt>즈</rt></ruby> guǒzhī
키위	<ruby>猕<rt>미</rt></ruby><ruby>猴<rt>허우</rt></ruby><ruby>桃<rt>타오</rt></ruby> míhóutáo	생수	<ruby>矿<rt>쾅</rt></ruby><ruby>泉<rt>취안</rt></ruby><ruby>水<rt>쉐이</rt></ruby> kuàngquánshuǐ
토마토	<ruby>西<rt>시</rt></ruby><ruby>红<rt>훙</rt></ruby><ruby>柿<rt>스</rt></ruby> xīhóngshì	콜라	<ruby>可<rt>커</rt></ruby><ruby>乐<rt>러</rt></ruby> kělè
파인애플	<ruby>波<rt>보</rt></ruby><ruby>箩<rt>뤄</rt></ruby> bōluó	탄산음료	<ruby>汽<rt>치</rt></ruby><ruby>水<rt>쉐이</rt></ruby> qìshuǐ

사이다(제품명이 사이다가 됨)	雪碧 쉐 비 xuěbì	밀크티	奶茶 나이 차 nǎichá
오렌지주스	橙汁 청 즈 chéngzhī	레몬티	柠檬茶 닝 멍 차 níngméngchá
우유	牛奶 뉴 나이 niúnǎi	자스민차	茉莉花茶 모 리 화 차 mòlihuāchá
요구르트	酸奶 쏸 나이 suānnǎi	차를 끓이다	泡茶 파오 차 pào chá
음료	饮料 인 랴오 yǐnliào	차를 따르다	倒茶 다오 차 dào chá
홍차	红茶 훙 차 hóngchá	와인	葡萄酒 푸 타오 주 pútaojiǔ
녹차	绿茶 뤼 차 lǜchá	레드와인	红葡萄酒 훙 푸 타오 주 hóngpútaojiǔ

화이트와인	바이 푸 타오 주 **白葡萄酒** báipútaojiǔ	스트레이트	부 찬 쉐이 **不搀水** bùchānshuǐ
샴페인	샹 빈 (주) **香槟(酒)** xiāngbīn(jiǔ)	칵테일	지 웨이 주 **鸡尾酒** jīwěijiǔ
맥주	피 주 **啤酒** píjiǔ	커피	카 페이 **咖啡** kāfēi
생맥주	자 피 **扎啤** zhāpí	커피를 끓이다	주 카 페이 **煮咖啡** zhǔ kāfēi
술을 따르다	다오 주 **倒酒** dào jiǔ		총 카 페이 = **冲咖啡** chōng kāfēi
양주	양 주 **洋酒** yángjiǔ		파오 카 페이 = **泡咖啡** pào kāfēi
언더록	자 빙 콰 **加冰块** jiābīngkuài		

채소 ▼		대파	大葱 dàcōng
채소	슈 차이 蔬菜 shūcài	마늘	다 쏸 大蒜 dàsuàn
가지	체 쯔 茄子 qiézi	무	뭐 보 萝卜 luóbo
감자	투 더우 土豆 tǔdòu	배추	바이차이 白菜 báicài
고구마	디 과 地瓜 dìguā	부추	주 차이 韭菜 jiǔcài
고추	라 자오 辣椒 làjiāo	브로콜리	시 란 화 西兰花 xīlánhuā
당근	후 뭐 보 胡萝卜 húluóbo	생강	성 장 生姜 shēngjiāng

시금치	<ruby>菠<rt>보</rt></ruby><ruby>菜<rt>차이</rt></ruby> bōcài	육류 ▼	
양파	<ruby>羊<rt>양</rt></ruby><ruby>葱<rt>총</rt></ruby> yángcōng	소고기	<ruby>牛<rt>뉴</rt></ruby><ruby>肉<rt>러우</rt></ruby> niúròu
오이	<ruby>黄<rt>황</rt></ruby><ruby>瓜<rt>과</rt></ruby> huángguā	스테이크	<ruby>牛<rt>뉴</rt></ruby><ruby>排<rt>파이</rt></ruby> niúpái
호박	<ruby>南<rt>난</rt></ruby><ruby>瓜<rt>과</rt></ruby> nánguā	잘 익은	<ruby>全<rt>취안</rt></ruby><ruby>熟<rt>셔우</rt></ruby> quánshóu
콩나물/숙주나물	<ruby>豆<rt>더우</rt></ruby><ruby>芽<rt>야</rt></ruby><ruby>菜<rt>차이</rt></ruby> dòuyácài	미디움 웰던	<ruby>七<rt>치</rt></ruby><ruby>分<rt>펀</rt></ruby><ruby>熟<rt>셔우</rt></ruby> qīfēnshóu
버섯	<ruby>蘑<rt>모</rt></ruby><ruby>菇<rt>구</rt></ruby> mógu	미디움	<ruby>五<rt>우</rt></ruby><ruby>分<rt>펀</rt></ruby><ruby>熟<rt>셔우</rt></ruby> wǔfēnshóu
		미디움 레어	<ruby>三<rt>싼</rt></ruby><ruby>分<rt>펀</rt></ruby><ruby>熟<rt>셔우</rt></ruby> sānfēnshóu

레어	이 펀 셔우 **一分熟** yìfēnshóu		해산물 ▼
돼지고기	주 러우 **猪肉** zhūròu	해산물	하이 찬 **海产** hǎichǎn
삼겹살	우 화 러우 **五花肉** wǔhuāròu	갈치	다이 위 **带鱼** dàiyú
닭고기	지 러우 **鸡肉** jīròu	게	팡 셰 **螃蟹** pángxiè
살코기	셔우 러우 **瘦肉** shòuròu	고등어	칭 화 위 **青花鱼** qīnghuāyú
비계	페이 러우 **肥肉** féiròu	굴	하이 리 (쯔) **海蛎(子)** hǎili(zi)
오리고기	야 러우 **鸭肉** yāròu	김	쯔 차이 **紫菜** zǐcài

미역	하이 다이 海带 hǎidài
바지락	거 짜이 蛤仔 gézǎi
새우	샤 虾 xiā
랍스터	룽 샤 龙虾 lóngxiā
연어	롄 위 鲢鱼 liányú
오징어	유 위 鱿鱼 yóuyú

조리법 ▼

끓이다, 삶다	주 煮 zhǔ
찌다	정 蒸 zhēng
볶다	차오 炒 chǎo
튀기다	자 炸 zhá
부치다	젠 煎 jiān
굽다	카오 烤 kǎo

훈제하다	薫 _쉰 xūn

분유	奶粉 _{나이 펀} nǎifěn
치즈	奶酪 _{나이 라오} nǎilào
생크림	奶油 _{나이 유} nǎiyóu
버터	黄油 _{황 유} huángyóu
토마토케첩	番茄酱 _{판 체 쟝} fānqiéjiàng
마요네즈	蛋黄酱 _{단 황 쟝} dànhuángjiàng
후춧가루	胡椒粉 _{후 쟈오 펀} hújiāofěn

기타 ▼

땅콩	花生 _{화 성} huāshēng
호두	核桃 _{허 타오} hétao
은행	银杏 _{인 싱} yínxìng
건포도	葡萄干 _{푸 타오 간} pútaogān

고춧가루	辣椒粉 라 쟈오 펀 làjiāofěn	샌드위치	三明治 싼 밍 즈 sānmíngzhì
참기름	香油 샹 유 xiāngyóu	빵	面包 몐 바오 miànbāo
아이스크림	冰淇淋 빙 치 린 bīngqílín	국수	面 몐 miàn
햄버거	汉堡 한 바오 hànbǎo	비빔밥	拌饭 반 판 bànfàn
감자튀김	薯条 슈 탸오 shǔtiáo	김치	泡菜 파오차이 pàocài
피자	比萨饼 비 사 빙 bǐsàbǐng	김밥	紫菜包饭 쯔 차이바오 판 zǐcài bāofàn
핫도그	热狗 러 거우 règǒu	불고기	韩国烤肉 한 궈 카오러우 Hánguó kǎoròu

라면	팡 볜 몐 **方便面** fāngbiànmiàn
카레	가 리 **咖喱** gālí
생선회	성 위 펜 **生鱼片** shēngyúpiàn
교자	자오 쯔 **饺子** jiǎozi
국물	탕 **汤** tāng
만두, 찐빵	만 터우 **馒头** mántou
설탕	탕 **糖** táng

소금	옌 바 **盐巴** yánbā
식초	추 **醋** cù

식사도구 ▼

식사도구	찬 쥐 **餐具** cānjù
숟가락	탕 츠 **汤匙** tāngchí
젓가락	콰이 쯔 **筷子** kuàizi

포크	<ruby>叉<rt>차</rt></ruby><ruby>子<rt>즈</rt></ruby> chāzi	냅킨	<ruby>餐<rt>찬</rt></ruby><ruby>巾<rt>진</rt></ruby><ruby>纸<rt>즈</rt></ruby> cānjīnzhǐ
식사용 나이프	<ruby>餐<rt>찬</rt></ruby><ruby>刀<rt>다오</rt></ruby> cāndāo	티슈	<ruby>纸<rt>즈</rt></ruby><ruby>巾<rt>진</rt></ruby> zhǐjīn
국자	<ruby>勺<rt>사오</rt></ruby><ruby>子<rt>즈</rt></ruby> sháozi	물티슈	<ruby>湿<rt>스</rt></ruby><ruby>巾<rt>진</rt></ruby> shījīn
그릇	<ruby>碗<rt>완</rt></ruby> wǎn	물수건	<ruby>湿<rt>스</rt></ruby><ruby>毛<rt>마오</rt></ruby><ruby>巾<rt>진</rt></ruby> shīmáojīn
접시	<ruby>碟<rt>뎨</rt></ruby><ruby>子<rt>즈</rt></ruby> diézi	이쑤시개	<ruby>牙<rt>야</rt></ruby><ruby>签<rt>쳰</rt></ruby><ruby>(儿)<rt>(얼)</rt></ruby> yáqiān(r)
쟁반	<ruby>盘<rt>판</rt></ruby><ruby>子<rt>쯔</rt></ruby> pánzi		
컵	<ruby>杯<rt>베이</rt></ruby><ruby>子<rt>쯔</rt></ruby> bēizi		

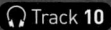

10

패션

기본표현 ▼

옷	衣服	yīfu
옷을 입다	穿衣服	chuān yīfu
벗다	脱衣服	tuō yīfu
신발을 벗다	脱鞋	tuō xié
갈아입다	换衣服	huàn yīfu
피부	皮肤	pífū

피부를 관리하다	保养皮肤	bǎoyǎng pífū
얼굴	脸	liǎn
꾸미다	打扮	dǎbàn
화장하다	化妆	huàzhuāng
화장을 지우다	卸妆	xiè zhuāng
거울을 보다	看 / 照镜子	kàn / zhào jìngzi
손톱을 자르다	剪指甲	jiǎn zhǐjia

손톱을 기르다	留长指甲 류 창 즈 자 liúcháng zhǐjia	티셔츠	T恤衫 T 쉬 산 Txùshān
유행을 좇아가다	赶时髦 간 스 마오 gǎn shímáo	바지	裤子 쿠 즈 kùzi
옷차림에 신경 쓰다	讲究穿着 쟝 주 촨 줘 jiǎngjiu chuānzhuó	청바지	牛仔裤 뉴 자이 쿠 niúzǎikù
마음에 들다	喜欢 시 환 xǐhuan	치마	裙子 췬 즈 qúnzi
		미니스커트	迷你裙 미 니 췬 mínǐqún

패션용품 ▼

		원피스	连衣裙 롄 이 췬 liányīqún
와이셔츠	衬衣 천 이 chènyī	스웨터	毛衣 마오 이 máoyī

외투	와이 타오 **外套** wàitào	스포츠웨어	원 둥 푸 **运动服** yùndòngfú
양복	시 푸 **西服** xīfú	주머니	커우 다이 **口袋** kǒudài
남성복	난 좡 **男装** nánzhuāng	지퍼	라 롄 **拉链** lāliàn
여성복	뉘 좡 **女装** nǚzhuāng	브래지어	슝 자오 **胸罩** xiōngzhào
아동복	퉁 좡 **童装** tóngzhuāng	팬티	네이 쿠 **内裤** nèikù
캐주얼웨어	슈 셴 푸 **休闲服** xiūxiánfú	삼각팬티	싼 자오 쿠 **三角裤** sānjiǎokù
제복	즈 푸 **制服** zhìfú	사각팬티	쓰 자오 쿠 **四角裤** sìjiǎokù

잠옷	쉐이 이 **睡衣** shuìyī
양말	와 쯔 **袜子** wàzi
스타킹	쓰 와 **丝袜** sīwà
팬티스타킹	쿠 와 **裤袜** kùwà
	롄 쿠 와 **= 连裤袜** liánkùwà
밴드스타킹	창 통 와 **长筒袜** chángtǒngwà

❶ 매다系를 사용하는 명사들

넥타이를 매다	지 링 다이 **系领带** jì lǐngdài
넥타이	링 다이 **领带** lǐngdài
목도리	웨이 진 **围巾** wéijīn
스카프	쓰 진 **丝巾** sījīn
목도리를 두르다	웨이웨이 진 **围围巾** wéi wéijīn

❷ 착용하다, 쓰다戴를 사용하는 명사들

모자를 쓰다	다이 마오 쯔 **戴帽子** dài màozi
손목시계	셔우 뱌오 **手表** shǒubiǎo
모자	마오 쯔 **帽子** màozi
안경	옌 징 **眼镜** yǎnjìng
선글라스	타이 양 옌 징 **太阳眼镜** tàiyáng yǎnjìng
콘텍트렌즈	인 싱 옌 징 **隐形眼镜** yǐnxíng yǎnjìng

장갑	셔우 타오 **手套** shǒutào
반지	제 즈 **戒指** jièzhǐ
다이아몬드 반지	콴 스 제 즈 **钻石戒指** zuànshí jièzhǐ
진주반지	전 주 제 즈 **珍珠戒指** zhēnzhū jièzhǐ
귀걸이	얼 환 **耳环** ěrhuán
목걸이	샹 롄 **项链** xiàngliàn
팔찌	셔우 줘 **手镯** shǒuzhuó

❸ 빼다摘를 사용하는 명사들

반지를 빼다	摘戒指 zhāi jièzhǐ <small>자이 제 즈</small>

신발 ▼	
신발을 신다	穿鞋 chuān xié <small>촨 세</small>
구두	皮鞋 píxié <small>피 세</small>
신발 끈	鞋带 xiédài <small>세 다이</small>

운동화	运动鞋 yùndòngxié <small>원 둥 세</small>
샌들	凉鞋 liángxié <small>량 세</small>
슬리퍼	托鞋 tuōxié <small>퉈 세</small>
하이힐	高跟鞋 gāogēnxié <small>가오 건 세</small>

색깔 ▼	
색깔	颜色 yánsè <small>옌 써</small>

노란색	황 써 **黄色** huángsè	오렌지색	청 써 **橙色** chéngsè
빨강색	홍 써 **红色** hóngsè	자주색	쯔 써 **紫色** zǐsè
파랑색	란 써 **蓝色** lánsè	갈색	중 써 (허 써) **棕色(=褐色)** zōngsè(=hèsè)
검은색	헤이 써 **黑色** hēisè	회색	후이 써 **灰色** huīsè
흰색	바이 써 **白色** báisè	짙은	선 **深** shēn
분홍색	펀 (훙) 써 **粉(红)色** fěn(hóng)sè	연한	첸 **浅** qiǎn
녹색	뤼 써 **绿色** lǜsè		

화장품

화장품	化妆品 huàzhuāngpǐn
립스틱	口红 kǒuhóng
아이쉐도우	眼影 yǎnyǐng
마스카라	睫毛膏 jiémáo gāo
아이라이너	眼线膏 yǎnxiàngāo
립스틱을 바르다	擦/涂口红 cā/tú kǒuhóng

매니큐어	指甲油 zhǐjiayóu
매니큐어를 바르다	涂指甲油 tú zhǐjiayóu
향수	香水 xiāngshuǐ
향수를 뿌리다	喷香水 pēn xiāngshuǐ

헤어

머리카락	头发 tóufa

긴 머리	창 터우 파 **长头发** cháng tóufa	머리를 자르다	젠 터우 파 **剪头发** jiǎn tóufa
짧은 머리	돤 터우 파 **短头发** duǎn tóufa	머리를 빗다	슈 터우 파 **梳头发** shū tóufa
머리를 감다	시 (터우) 파 **洗(头)发** xǐ fà / xǐ tóufa	머리를 묶다	자 방 터우 파 **扎 / 绑头发** zā / bǎng tóufa
염색하다	란 파 **染发** rǎnfà	드라이하다	추이 펑 **吹风** chuī fēng
검은색으로 염색하다	란 청 헤이 써 **染成黑色** rǎnchéng hēisè	스트레이트파마	즈 반 탕 **直板烫** zhíbǎntàng
흰색으로 염색하다	란 청 바이 써 **染成白色** rǎnchéng báiisè	스트레이트파가를 하다	탕 즈 반 탕 **烫直板烫** tàng zhíbǎntàng
파마하다	탕 파 **烫发** tàngfà	생머리	즈 파 **直发** zhífà

곱슬머리	쥐안 파 **卷发** juǎnfà	잔돈을 거슬러주다	자오 링 첸 **找零钱** zhǎo língqián
		환불하다	투이 훠 **退货** tuì huò

쇼핑 ▼

쇼핑하다	꽝 제 **逛街** guàng jiē	입어보다	스 촨 **试穿** shìchuān
흥정하다	타오 자 환 자 **讨价还假** tǎo jià huán jià	특가품	터 자 핀 **特价品** tèjià pǐn
지불하다	푸 첸 **付钱** fù qián	할인하다	다 저 **打折** dǎzhé
결재하다	제 장 **结帐** jiézhàng	정찰제	부 얼 자 **不二价** bú'èrjià
		바겐세일	다 젠 자 **大减价** dàjiǎnjià

108

11

주거생활

집

집	팡 쯔 房子	fángzi
집 한 채	이 쭤 팡 쯔 一座房子	yí zuò fángzi
집을 구하다	자오 팡 쯔 找房子	zhǎo fángzi
아파트	공 위 公寓	gōngyù
아파트를 월세 내다	쭈 공 위 租公寓	zū gōngyù
아파트를 사다	마이 공 위 买公寓	mǎi gōngyù
아파트 한 채	이 타오 공 위 一套公寓	yí tào gōngyù
아파트 한 채를 월세 내다	쭈 이 타오 공 위 租一套公寓	zū yí tào gōngyù
거실	커 팅 客厅	kètīng
침실	워 스 卧室	wòshì
베란다	양 타이 阳台	yángtái
벽	창 墙	qiáng
계단	러우 티 楼梯	lóutī

몇 층이에요?	<ruby>几楼<rt>지 러우</rt></ruby>? Jǐ lóu?	옷장	<ruby>衣柜<rt>이 구이</rt></ruby> yīguì
2층	<ruby>二楼 / 二层<rt>얼 러우 / 얼 청</rt></ruby> èr lóu / èr céng	침대	<ruby>床<rt>촹</rt></ruby> chuáng
		기상하다	<ruby>起床<rt>치 촹</rt></ruby> qǐchuáng
방 ▼		잠을 자다	<ruby>睡觉<rt>쉐이 자오</rt></ruby> shuì jiào
방	<ruby>房间<rt>팡 젠</rt></ruby> fángjiān	이불	<ruby>被子<rt>베이 즈</rt></ruby> bèizi
방 두 개	<ruby>两间房间<rt>량 젠 팡 젠</rt></ruby> liǎng jiān fángjiān	이불을 덮다	<ruby>盖被子<rt>가이 베이 즈</rt></ruby> gài bèizi
방청소를 하다	<ruby>打扫房间<rt>다 싸오 팡 젠</rt></ruby> dǎsǎo fángjiān	베개	<ruby>枕头<rt>전 터우</rt></ruby> zhěntou

베개를 베다	^전 ^전 ^{터우} **枕枕头** zhěn zhěntou	노크하다	^{차오} ^먼 **敲门** qiāo mén
전기스탠드	^{타이} ^덩 **台灯** táidēng	창문	^촹 ^후 **窗户** chuānghu
불을 켜다	^{카이} ^덩 **开灯** kāi dēng	창문을 열다	^다 ^{카이} ^촹 ^후 **打开窗户** dǎkāi chuānghu
불을 끄다	^관 ^덩 **关灯** guān dēng	창문을 닫다	^관 ^촹 ^후 **关窗户** guān chuānghu
문	^먼 **门** mén	커튼	^촹 ^롄 **窗帘** chuānglián
문을 열다	^{카이} ^먼 **开门** kāi mén	커튼을 치다	^라 ^상 ^촹 ^롄 **拉上窗帘** lā shàng chuānglián
문을 닫다	^관 ^먼 **关门** guān mén	소파	^사 ^파 **沙发** shāfā

112

| 소파에 앉다 | 쭤 짜이 사 파 상
坐在沙发上
zuò zài shāfā shàng | 싱크대 | 쉐이차오
水槽
shuǐcáo |

소파에 앉다 — 坐在沙发上 (쭤 짜이 사 파 상) zuò zài shāfā shàng

테이블 — 桌子 (줘 즈) zhuōzi

카펫 — 地毯 (디 탄) dìtǎn

부엌 ▼

주방 — 厨房 (추 팡) chúfáng

수도꼭지 — 水龙头 (쉐이 룽 터우) shuǐlóngtóu

싱크대 — 水槽 (쉐이차오) shuǐcáo

가스레인지 — 燃气灶 / 煤气灶 (란 치 짜오 / 메이 치 짜오) ránqìzào / méiqìzào

식탁 — 饭桌 (판 줘) fànzhuō

앞치마 — 围裙 (웨이 췬) wéiqún

앞치마를 입다 — 穿围裙 (촨 웨이 췬) chuān wéiqún

행주 — 抹布 (마 부) mābù

행주로 좀 닦아요! — 用抹布擦一擦! (용 마 부 차 이 차) Yòng mābù cā yi cā!

설거지를 하다	시 완 洗碗 xǐ wǎn
수세미	시 완 부 洗碗布 xǐwǎnbù
주방용 후드	추 팡 퉁 펑 치 厨房通风器 chúfáng tōngfēngqì
후드를 켜다	다 카이 퉁 펑 치 打开通风器 dǎkāi tōngfēngqì
후드를 설치하다	안 좡 퉁 펑 치 安装通风器 ānzhuāng tōngfēngqì

욕실과 화장실 ▼

욕실	위 스 浴室 yùshì
화장실	웨이 성 젠 卫生间 wèishēngjiān
	시 서우 젠 = 洗手间 xǐshǒujiān
화장실을 가다	상 처 숴 上厕所 shàng cèsuǒ
거울	징 쯔 镜子 jìngzi
휴지	웨이 성 즈 卫生纸 wèishēngzhǐ

생리대	웨이 성 진 **卫生巾** wèishēngjīn		=	충 쉐이 **冲水** chōng shuǐ
	= 웨이 성 몐 **卫生棉** wèishēngmián	수건		마오 진 **毛巾** máojīn
변기	마 퉁 **马桶** mǎtǒng	수건으로 닦다		차 마오 진 **擦毛巾** cā máojīn
소변보다	샤오 볜 **小便** xiǎobiàn	욕조		위 강 **浴缸** yùgāng
대변보다	다 볜 **大便** dàbiàn	목욕하다		시 짜오 **洗澡** xǐ zǎo
방귀뀌다	팡 피 **放屁** fàngpì	샤워하다		린 위 **淋浴** línyù
변기 물을 내리다	충 마 퉁 **冲马桶** chōng mǎtǒng	세면대		시 롄 펀 **洗脸盆** xǐliǎnpén

칫솔	야 솨 **牙刷** yáshuā	세수 비누	샹 짜오 **香皂** xiāngzào
치약	야 가오 **牙膏** yágāo	세수하다	시 롄 **洗脸** xǐ liǎn
이를 닦다	솨 야 **刷牙** shuā yá	손을 씻다	시 셔우 **洗手** xǐ shǒu
샴푸	시 파 징 **洗发精** xǐfàjīng	발을 씻다	시 자오 **洗脚** xǐ jiǎo
린스	후 파 징 **护发素** hùfàsù	빨래 비누	페이짜오 **肥皂** féizào
	룬 쓰 = **润丝** rùnsī	빨래하다	시 이 푸 **洗衣服** xǐ yīfu
머리를 감다	시 터우 파 **洗头发** xǐ tóufa	빨래비누로 빨래를 하다	용 페이짜오 시 이 푸 **用肥皂洗衣服** yòng féizào xǐ yīfu

116

면도칼	과 후 다오 **刮胡刀** guāhúdāo	텔레비전	뎬 스 **电视** diànshì
면도기	티 쉬 다오 = **剃须刀** tìxūdāo	에어컨	쿵 탸오 **空调** kōngtiáo
면도기	뎬 둥 과 후 다오 **电动刮胡刀** diàndòng guāhúdāo	선풍기	뎬 펑 산 **电风扇** diànfēngshàn
면도하다	티 후 쉬 **剃胡须** tì húxū	진공 청소기	시 천 치 **吸尘器** xīchénqì
		밥통	판 궈 **饭锅** fànguō

가전제품 ▼

| 전자레인지 | 웨이 보 루
微波炉
wēibōlú |
| 냉장고 | 빙 샹
冰箱
bīngxiāng | 드라이기 | 추이 펑 지
吹风机
chuīfēngjī |

세탁기	洗衣机 시 이 지 xǐyījī
드럼세탁기	滚筒式洗衣机 군 퉁 스 시 이 지 gǔntǒngshì xǐyījī
분말용 세탁세제	洗衣粉 시 이 펀 xǐyīfěn
액상용 세탁세제	洗衣液 시 이 예 xǐyīyè
(가전제품을) 켜다	打开~ 다 카이 dǎkāi
(가전제품을) 끄다	关~ 관 guān

장소 ▼

부동산가게	房产公司 팡 찬 궁 쓰 fángchǎn gōngsī
편의점	便利店 벤 리 뎬 biànlìdiàn
편의점에 가다	去便利店 취 벤 리 뎬 qù biànlìdiàn
빵집	面包店 뗀 바오 뗀 miànbāodiàn
빵집에서 빵을 사다	在面包店买面包 짜이 뗀 바오 뗀 마이 뗀 바오 zài miànbāodiàn mǎi miànbāo
극장	电影院 뗀 잉 위안 diànyǐngyuàn

118

| 극장에 가서 영화를 보다 | 취 몐 잉 위안 칸 몐 잉
去电影院看电影
qù diànyǐngyuàn kàn diànyǐng |

기타 ▼

쓰레기	라 지 **垃圾** lājī
쓰레기통	라 지 퉁 **垃圾桶** lājītǒng
대걸레	퉈 바 **拖把** tuōbǎ

12

교통

기본표현 ▼

길을 묻다	_{원 루} 问路 wèn lù	
길을 잃다	_{미 루} 迷路 mí lù	
길 안내를 하다	_{다이 루} 带路 dài lù	
방향을 바꾸다	_{과이} 拐 guǎi	
우회전	_{왕 유 과이} 往右拐 wǎng yòu guǎi	
좌회전	_{왕 쭤 과이} 往左拐 wǎng zuǒ guǎi	

직진 ― 一直走 (이 즈 쩌우) yìzhí zǒu

길을 건너다 ― 过路 (궈 루) guò lù

차를 타다 ― 坐车 (쭤 처) zuò chē

차를 기다리다 ― 等车 (덩 처) děng chē

승차하다 ― 上车 (샹 처) shàng chē

하차하다 ― 下车 (샤 처) xià chē

환승하다 ― 换车 (환 처) huàn chē

	다오 처 = 倒车 dǎo chē		반 마 셴 = 斑马线 bānmǎxiàn
사거리	스 쯔 루 커우 十字路口 shízì lùkǒu	횡단보도를 건너다	궈 반 마 셴 过斑马线 guò bānmǎxiàn
삼거리	딩 쯔 루 커우 丁字路口 dīngzì lùkǒu	보행자거리	부 싱 졔 步行街 bùxíngjiē
차도	처 다오 车道 chēdào	일방통행로	단 싱 다오 单行道 dānxíngdào
인도	런 싱 다오 人行道 rénxíngdào	신호등	훙 뤼 덩 红绿灯 hónglǜdēng
인도를 걷다	저우 런 싱 다오 走人行道 zǒu rénxíngdào		
횡단보도	런 싱 헝 다오 人行横道 rénxíng héngdào		

교통수단 ▼

❶ 타다坐를 사용하는 교통편

택시	추 주 처 **出租车** chūzūchē
버스	궁 궁 치 처 **公共汽车** gōnggòng qìchē
지하철	디 톄 **地铁** dìtiě
열차	훠 처 **火车** huǒchē
배	촨 **船** chuán

| 비행기 | 페이 지
飞机
fēijī |
| 시외버스 | 창 투 치 처
长途汽车
chángtúqìchē |

❷ 몰다骑를 사용하는 교통편

승마하다	치 마 **骑马** qí mǎ
자전거를 몰다	치 쯔 싱 처 **骑自行车** qí zìxíngchē
오토바이를 타다	치 모 퉈 처 **骑摩托车** qí mótuōchē

❸ 운전하다 开를 사용하는 교통편

운전하다	카이 처 **开车** kāi chē
	자 자오 **= 驾照** jiàzhào
트럭	카 처 **卡车** kǎchē
구급차	주 후 처 **救护车** jiùhùchē
소방차	샤오 팡 처 **消防车** xiāofángchē
경찰차	징 처 **警车** jǐngchē

운전면허증	자 스 즈 자오 **驾驶执照** jiàshǐzhízhào

대중교통편 ▼

버스정거장	궁 처 잔 **公车站** gōngchēzhàn
지하철역	디 톄 잔 **地铁站** dìtiězhàn
2번 출구	얼 하오 추 커우 **二号出口** èr hào chūkǒu
매표소	셔우퍄오 추 **售票处** shòupiàochù

안내소	푸 우 타이 **服务台** fúwùtái	매일 5회 출발합니다.	메이 톈 유 우 반 **每天有五班。** Měitiān yǒu wǔ bān.
	차 쉰 타이 = **查讯台** cháxúntái	한 시간 마다 한 편씩 있어요.	메이 샤오 스 유 이 반 **每小时有一班。** Měi xiǎoshí yǒu yì bān.
환승역	중 좐 잔 **中转站** zhōngzhuǎnzhàn	차비	처 페이 **车费** chēfèi
종점	중 뎬 잔 **终点站** zhōngdiǎnzhàn	교통카드	쟈오 퉁 카 **交通卡** jiāotōngkǎ
첫차	터우 반 처 **头班车** tóu bān chē	교통카드를 충전하다	쟈오 퉁 카 충 즈 **交通卡充值** jiāotōngkǎ chōngzhí
다음 열차	샤 이 반 **下一班** xià yì bān	자리를 양보하다	랑 쭤 **让座** ràngzuò
막차	모 반 처 **末班车** mò bān chē	택시를 타다	다 디 **打的** dǎdī

운전기사	쓰 지 스 푸 **司机 / 师傅** sījī / shīfu	왕복행 티켓	왕 판 퍄오 **往返票** wǎngfǎnpiào
(택시) 기본요금	치 부 페이 **起步费** qǐbùfèi	대기실	허우 처 스 **候车室** hòuchēshì
요금 미터기	지 청 뱌오 **计程表** jìchéngbiǎo	좌석	쭤 웨이 **座位** zuòwèi
러시아워	가오 펑 스 젠 **高峰时间** gāofēng shíjiān	창가 쪽 좌석	카오 촹 더 쭤 웨이 **靠窗的座位** kào chuāng de zuòwèi
	자오 퉁 가오 펑 = **交通高峰** jiāotōng gāofēng	복도 쪽 좌석	카오 쩌우다오 더 쭤 웨이 **靠走道的座位** kào zǒudào de zuòwèi
차가 막히다	두 처 **堵车** dǔ chē	비상구	진 지 추 커우 **紧急出口** jǐnjí chūkǒu
편도행 티켓	단 청 퍄오 **单程票** dānchéngpiào		

방향 ▼

왼쪽	쥐 볜 **左边** zuǒbiān	
오른쪽	유 볜 **右边** yòubiān	
앞	첸 볜 **前边** qiánbiān	
뒤	허우 볜 **后边** hòubiān	
동쪽	둥 볜 **东边** dōngbian	
서쪽	시 볜 **西边** xībian	
남쪽	난 볜 **南边** nánbian	
북쪽	베이 볜 **北边** běibian	
옆	팡 볜 **旁边** pángbiān	
맞은편	두이 몐 **对面** duìmiàn	

자동차 ▼

핸들	팡 샹 판 **方向盘** fāngxiàngpán

엔진	引擎 인 칭 yǐnqíng	트렁크	行李箱 싱 리 샹 xínglǐxiāng
브레이크를 밟다	刹车 샤 처 shā chē	= 车厢 처 샹 chēxiāng	
페달	踏板 타 반 tàbǎn	와이퍼	雨刷 위 솨 yǔshuā
액셀러레이터	加速踏板 자 수 타 반 jiāsù tàbǎn	전조등	车前灯 처 첸 덩 chēqiándēng
안전벨트를 매다	系安全带 지 안 취안 다이 jì ānquándài	방향지시등	转向灯 좐 샹 덩 zhuǎnxiàngdēng
자동차창문	车窗 처 촹 chēchuāng	타이어	轮胎 룬 타이 lúntāi
선루프	天窗 톈 촹 tiānchuāng	자동차번호판	车牌 처 파이 chēpái

128

13

학교 · 교실

학교 ▼		숙제를 하다	쭤 쭤 예 **做作业** zuò zuòyè
학교	쉐 샤오 **学校** xuéxiào	숙제를 제출하다	쟈오 쭤 예 **交作业** jiāo zuòyè
예습하다	위 시 **预习** yùxí	여름 방학	슈 쟈 **暑假** shǔjià
복습하다	푸 시 **复习** fùxí	겨울 방학	한 쟈 **寒假** hánjià
질문하다	티 원 **提问** tíwèn	방학 하다	팡 쟈 **放假** fàng jià
대답하다	훼이 다 **回答** huídá	여름방학 하다	팡 슈 쟈 **放暑假** fàng shǔjià
숙제	쭤 예 **作业** zuòyè	수업하다	상 커 **上课** shàng kè

수업을 마치다	샤 커 **下课** xià kè	불합격하다	부 지 거 **不及格** bù jígé
중간고사	치 중 카오 스 **期中考试** qīzhōng kǎoshì	(책을) 가르치다	쟈오 슈 **教书** jiāo shū
기말고사	치 모 카오 스 **期末考试** qīmò kǎoshì	강의하다	쟝 커 **讲课** jiǎng.kè
시험, 시험을 보다	카오 스 **考试** kǎoshì	등교하다	샹 쉐 **上学** shàng xué
중간고사를 보다	카오 치 중 카오 스 **考期中考试** kǎo qīzhōng kǎoshì	하교하다	팡 쉐 **放学** fàng xué
점수	펀 수 **分数** fēnshù	출석을 부르다	덴 밍 **点名** diǎn míng
합격하다	지 거 **及格** jígé	결석하다	췌 커 **缺课** quē kè

유치원	<ruby>幼<rt>유</rt></ruby><ruby>儿<rt>얼</rt></ruby><ruby>园<rt>위안</rt></ruby> yòuéryuán	대학원	<ruby>研<rt>옌</rt></ruby><ruby>究<rt>주</rt></ruby><ruby>生<rt>성</rt></ruby><ruby>院<rt>위안</rt></ruby> yánjiūshēngyuàn
초등학교	샤오 쉐 小学 xiǎoxué	대학원에 다니다	두 옌 读研 dúyán
중학교	추 중 初中 chūzhōng	학년	녠 지 年级 niánjí
고등학교	가오 중 高中 gāozhōng	1학년	이 녠 지 一年级 yì niánjí
전문대학	다 좐 大专 dàzhuān	2학년	알 녠 지 二年级 èr niánjí
대학	다 쉐 大学 dàxué	3학년	싼 녠 지 三年级 sān niánjí
단과대학	쉐 위안 学院 xuéyuàn	4학년	쓰 녠 지 四年级 sì niánjí

학기	쉐 치 **学期** xuéqī	대학원생	옌 주 성 **研究生** yánjiūshēng
제1학기	디 이 쉐 치 **第一学期** dì yī xuéqī	유학생	류 쉐 성 **留学生** liúxuéshēng
제2학기	디 얼 쉐 치 **第二学期** dì èr xuéqī	교환학생	자오 환 쉐 성 **交换学生** jiāohuàn xuéshēng
초등학생	샤오 쉐 성 **小学生** xiǎoxuéshēng	복학생	푸 쉐 성 **复学生** fùxuéshēng
중학생	중 쉐 성 **中学生** zhōngxuéshēng	신입생	신 성 **新生** xīnshēng
고등학생	가 중 성 **高中生** gāozhōngshēng	졸업하다	비 예 **毕业** bì yè
대학생	다 쉐 성 **大学生** dàxuéshēng	졸업생	비 예 성 **毕业生** bìyèshēng

금년도 졸업생	^{잉 제 비 예 성} **应届毕业生** yìngjiè bìyèshēng	남자 후배	^{쉐 디} **学弟** xuédì
청강하다	^{팡 팅} **旁听** pángtīng	급우	^{퉁 쉐} **同学** tóngxué
청강생	^{팡 팅 성} **旁听生** pángtīng shēng	반	^{반 지} **班级** bānjí
모범생	^{하오 쉐 성} **好学生** hǎoxuéshēng	~에 합격하다	^{카오 상} **考上** kǎoshàng
남자 선배	^{쉐 장} **学长** xuézhǎng	대학 입시를 보다	^{카오 다 쉐} **考大学** kǎo dàxué
여자 선배	^{쉐 제} **学姐** xuéjiě	대학원 시험을 보다	^{카오 옌} **考研** kǎoyán
여자 후배	^{쉐 메이} **学妹** xuémèi	시험에서 부정행위를 하다	^{쭤 비} **作弊** zuòbì

시험을 망치다	카오 짜 러 **考砸了** kǎozá le	기숙사 룸메이트	통 우 **同屋** tóngwū
성적	청 지 **成绩** chéngjì	수강신청 하다	쉬안 커 **选课** xuǎn kè
성적표	청 지 단 **成绩单** chéngjìdān	선택과목	쉬안 슈 **选修** xuǎnxiū
일등	디 이 밍 **第一名** dì yī míng	필수과목	비 슈 **必修** bìxiū
전교일등	취안샤오 디 이 밍 **全校第一名** quánxiào dì yī míng	학점	쉐 펀 **学分** xuéfēn
캠퍼스	샤오 위안 **校园** xiàoyuán	학력	쉐 리 **学历** xuélì
기숙사	수 서 **宿舍** sùshè	전공	좐 예 **专业** zhuānyè

부전공	辅修专业 fǔxiū zhuānyè ^{부 슈 좐 예}
과목	课目 kèmù ^{커 무}

학과	▼

나의 전공은 철학입니다.	我的专业是哲学。 Wǒ de zhuānyè shì zhéxué. ^{워 더 좐 예 스 저 쉐}
나는 중문학과 14학번입니다.	我是中文系14级。 Wǒ shì Zhōngwén xì yīsì jí. ^{워 스 중 원 시 이쓰 지}
학과	(学)系 (xué)xì ^{(쉐) 시}

국어	语文 yǔwén ^{위 원}
	= 国文 guówén ^{궈 원}
수학	数学 shùxué ^{슈 쉐}
영어	英语 Yīngyǔ ^{잉 위}
	= 英文 Yīngwén ^{잉 원}
사회	社会 shèhuì ^{서 후이}
생물	生物 shēngwù ^{성 우}

136

화학	化学 huàxué 화 쉐	경영	经营 jīngyíng 징 잉
물리	物理 wùlǐ 우 리	정치	政治 zhèngzhì 정 즈
음악	音乐 yīnyuè 인 웨	외교	外交 wàijiāo 와이자오
미술	美术 měishù 메이 슈	미디어	媒体 méitǐ 메이 티
문학	文学 wénxué 원 쉐	교육	教育 jiàoyù 자오 위
철학	哲学 zhéxué 저 쉐	심리	心理 xīnlǐ 신 리
경제	经济 jīngjì 징 지	회계	会计 kuàijì 콰이 지

중국어	중 원 **中文** Zhōngwén	화이트보드	바이 반 **白板** báibǎn
		분필	펀 비 **粉笔** fěnbǐ

교실 ▼

교실	자오 스 **教室** jiàoshì	책	슈 **书** shū
교재	커 번 **课本** kèběn	책꽂이	슈 자 **书架** shūjià
사전	츠 뗸 **词典** cídiǎn	서예	슈 파 **书法** shūfǎ
칠판	헤이 반 **黑板** hēibǎn	책가방	슈 바오 **书包** shūbāo
		책상	커 줘 **课桌** kèzhuō

교단, 강단	^{장 타이} **讲台** jiǎngtái	시험지	^{카오 쥐안} **考卷** kǎojuàn
문구	^{원 쥐} **文具** wénjù	답안지	^{다 쥐안} **答卷** dájuàn
연필	^{쳰 비} **铅笔** qiānbǐ	자	^츠 **尺** chǐ
샤프	^{쯔 둥 쳰 비} **自动铅笔** zìdòng qiānbǐ	바닥	^{디 반} **地板** dìbǎn
붓	^{마오 비} **毛笔** máobǐ	천정	^{톈 화 반} **天花板** tiānhuābǎn
만년필	^{강 비} **钢笔** gāngbǐ	창문	^촹 **窗** chuāng
볼펜	^{위안 주 비} **圆珠笔** yuánzhūbǐ	게시판	^{공 가오 란} **公告栏** gōnggàolán

필통	<ruby>笔<rt>비</rt></ruby><ruby>盒<rt>허</rt></ruby> bǐhé	포스트잇	<ruby>可<rt>커</rt></ruby><ruby>贴<rt>테</rt></ruby><ruby>性<rt>싱</rt></ruby><ruby>便<rt>볜</rt></ruby><ruby>条<rt>탸오</rt></ruby> kětiēxìng biàntiáo
가위	<ruby>剪<rt>젠</rt></ruby><ruby>刀<rt>다오</rt></ruby> jiǎndāo	지우개	<ruby>橡<rt>샹</rt></ruby><ruby>皮<rt>피</rt></ruby> xiàngpí
호치키스	<ruby>订<rt>딩</rt></ruby><ruby>书<rt>슈</rt></ruby><ruby>机<rt>지</rt></ruby> dìngshūjī		
펀치	<ruby>穿<rt>촨</rt></ruby><ruby>空<rt>쿵</rt></ruby><ruby>机<rt>지</rt></ruby> chuānkōngjī		
클립	<ruby>曲<rt>취</rt></ruby><ruby>别<rt>볘</rt></ruby><ruby>针<rt>전</rt></ruby> qūbiézhēn		
테이프	<ruby>胶<rt>자오</rt></ruby><ruby>带<rt>다이</rt></ruby> jiāodài		
스카치테이프	<ruby>透<rt>터우</rt></ruby><ruby>明<rt>밍</rt></ruby><ruby>胶<rt>자오</rt></ruby><ruby>带<rt>다이</rt></ruby> tòumíng jiāodài		

14

컴퓨터

과학	科学 kēxué	프라이버시	隐私权 yǐnsīquán
IT	信息技术 xìnxī jìshù	기록, 기록하다	记录 jìlù
전원	电源 diànyuán	프로그램	程序 chéngxù
반도체	半导体 bàndǎotǐ	차트	图表 túbiǎo
정확성	准确性 zhǔnquèxìng	칩	芯片 xīnpiàn
분석하다	分析 fēnxī	e-book	电子阅读器 diànzǐ yuèdúqì
주소	地址 dìzhǐ	해적판 소프트웨어	软件盗版 ruǎnjiàn dàobǎn

서핑하다	网上冲浪 wǎngshàng chōnglàng	다운로드 하다	下载 xiàzǎi
바이러스	病毒 bìngdú	업로드하다	上传 shàngchuán
바이러스 검사 프로그램	病毒检测程序 bìngdú jiǎncè chéngxù	파일을 압축하다	文件压缩 wénjiàn yāsuō
문서	文档 wéndàng	파일 압축 풀기	文件解压缩 wénjiàn jiě yāsuō
문서파일	文档文件 wéndàng wénjiàn	바코드	条形码 tiáoxíngmǎ
문서처리	文字处理 wéizi chǔlǐ	바코드 리더	条形码读卡器 tiáoxíngmǎ dúkǎqì
첨부파일	附件 fùjiàn	애니메이션	动画 dònghuà

143

동영상	스 핀 **视频** shìpín	HDTV	가오 칭 시 두 뗀 스 **高清晰度电视** gāo qīngxīdù diànshì
모니터	핑 무 **屏幕** píngmù	채팅그룹	탄 화 췬 쭈 **谈话群组** tánhuà qúnzǔ
터치스크린	추 모 핑 **触摸屏** chùmōpíng	마우스	슈 뱌오 **鼠标** shǔbiāo
화소	샹 쑤 **像素** xiàngsù	무선마우스	우 셴 슈 뱌오 **无线鼠标** wúxiàn shǔbiāo
선명도	칭 시 두 **清晰度** qīngxīdù	팩스	촨 전 지 **传真机** chuánzhēnjī
LCD	예 징 셴 스 치 **液晶显示器** yèjīng xiǎnshìqì	검색하다	써우 쒀 **搜索** sōusuǒ
TFT	보 모 징 티 관 셴 스 치 **薄膜晶体管显示器** bómó jīngtǐguǎn xiǎnshìqì	=	차 자오 **查找** cházhǎo

스피커	라 바 **喇叭** lǎba	노트북 컴퓨터	비 지 번 멘 나오 **笔记本电脑** bǐjìběn diànnǎo
프린터	다 인 지 **打印机** dǎyìnjī	CPU	중 양 추 리 치 **中央处理器** zhōngyāng chǔlǐqì
레이저프린터	지 광 다 인 지 **激光打印机** jīguāng dǎyìnjī	CPU Fan	중 양 추 리 치 더 산 러 치 **中央处理器的散热器** zhōngyāng chǔlǐqì de sànrèqì
디지털카메라	슈 마 자오 샹 지 **数码照相机** shùmǎ zhàoxiàngjī	마더보드	주 지 반 **主机板** zhǔjībǎn
스캐너	싸오먀오 이 **扫描仪** sǎomiáoyí	HDD	잉 판 **硬盘** yìngpán
GHz (진동수의 단위)	지 허 **吉赫** jíhè	CD-ROM	광 판 **光盘** guāngpán
PC	거 런 지 쫜 지 **个人计算机** gèrén jìsuànjī		광 취 = **光驱** guāngqū

145

DVD	数字化通用光盘 슈 쯔 화 퉁 융 광 판 shùzìhuà tōngyòng guāngpán	윈도우즈	窗口操作系统 촹 커우차오 쮀 시 퉁 chuāngkǒu cāozuò xìtǒng
DVD–ROM	DVD光驱 DVD 광 취 DVDguāngqū	카피하다	拷贝 카오 베이 kǎobèi
시디를 굽다	烧光盘 사오 광 판 shāo guāngpán	소프트웨어	软件 롼 졘 ruǎnjiàn
RAM	随机存取存储器 쑤이 지 춘 취 춘 추 치 suíjī cúnqǔ cúnchǔqì	하드웨어	硬件 잉 졘 yìngjiàn
DRAM	新一代动态存储器 신 이 다이 둥 타이 춘 추 치 xīnyídàidòngtài cúnchǔqì	하드카피	硬拷贝 잉 카오베이 yìng kǎobèi
USB	U盘 U 판 Upán	포맷	硬盘扇区格式化 잉 판 산 취 거 스 화 yìngpán shànqū géshìhuà
OS	操作系统 차오 쮀 시 퉁 cāozuò xìtǒng	소켓	插槽 차 차오 chācáo

액세스	存取 춘 취 cúnqǔ	플래시 램	闪存 산 춘 shǎncún
브라우저	浏览器 류 란 치 liúlǎnqì	방화벽(인터넷)	防火墙 팡 훠 창 fánghuǒqiáng
케이블	连线 롄 셴 liánxiàn	하이퍼링크	超链接 차오 롄 제 chāo liànjiē
해커	黑客 헤이 커 hēikè	초기화	初始化 추 스 화 chūshǐhuà
해커의 공격	黑客攻击 헤이 커 궁 지 hēikè gōngjī	키워드	关键字 관 젠 쯔 guānjiànzì
사이버머니	电子货币 뎬 쯔 훠 비 diànzǐ huòbì	프로세서	处理机 추 리 지 chǔlǐjī
데이터베이스	数据库 슈 쥐 쿠 shùjùkù	OMR	光标阅读器 광 뱌오 웨 두 치 guāngbiāo yuèdúqì

인터넷	^{후 롄 왕} **互联网** hùliánwǎng	LAN	^{쥐 위 왕} **局域网** júyùwǎng
웹	^{왕 뤄} **网络** wǎngluò	웹캠	^{왕 뤄 서 잉 지} **网络摄影机** wǎngluò shèyǐngjī
웹페이지	^{왕 예} **网页** wǎngyè	카메라	^{서 샹 터우} **摄像头** shèxiàngtóu
웹 주소	^{왕 뤄 지 즈} **网络地址** wǎngluò dìzhǐ	경매	^{파이 마이} **拍卖** pāimài
웹사이트	^{왕 잔} **网站** wǎngzhàn	인터넷 경매	^{왕 샹 파이 마} **网上拍卖** wǎngshàng pāimài
홈페이지	^{주 예} **主页** zhǔyè		
통신망접속기	^{왕 카} **网卡** wǎngkǎ		

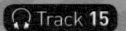

15

직업 · 직함 · 직장

직업

직업	职业 zhíyè	화가	画家 huàjiā
교사	老师 lǎoshī	작가	作家 zuòjiā
교수	教授 jiàoshòu	의사	医生 yīshēng
교장, 총장	校长 xiàozhǎng		= 大夫 dàifu
미용사	美容师 měiróngshī	수의사	兽医 shòuyī
엔지니어	工程师 gōngchéngshī	약사	药剂师 yàojìshī
		간호사	护士 hùshì

요리사	厨师 chúshī	회계사	会计师 kuàijìshī
촬영기사, 사진사	摄影师 shèyǐngshī	설계사	设计师 shèjìshī
회사직원	公司职员 gōngsī zhíyuán	패션디자이너	服装设计师 fúzhuāng shèjìshī
비서	秘书 mìshū	기자	记者 jìzhě
공무원	公务员 gōngwùyuán	아나운서	播音员 bōyīnyuán
환경미화원	清洁人员 qīngjié rényuán	가정주부	家庭主妇 jiātíng zhǔfù
노동자	工人 gōngrén	학생	学生 xuésheng

가정부	바오 무 **保姆** bǎomǔ	소방대원	샤오 팡 두이위안 **消防队员** xiāofáng duìyuán
판사	선 판 위안 **审判员** shěnpànyuán	우체부	유 디 위안 **邮递员** yóudìyuán
검사	젠 차 관 **检察官** jiǎncháguān	무용가	우 다오 자 **舞蹈家** wǔdǎojiā
변호사	뤼 스 **律师** lǜshī	배우	옌 위안 **演员** yǎnyuán
경찰	징 차 **警察** jǐngchá	가수	거 셔우 **歌手** gēshǒu
군인	쥔 런 **军人** jūnrén	모델	모 털 **模特儿** mótèr
정치가	정 즈 자 **政治家** zhèngzhìjiā	농부	농 푸 **农夫** nóngfū

어부	渔夫 위 푸 yúfū	마피아	黑社会 헤이 서 후이 hēishèhuì
노점상인	摊贩 탄 판 tānfàn	백수	无业游民 우 예 유 민 wúyèyóumín
운전기사	司机 쓰 지 sījī	실직자	下岗职工 샤 강 즈 궁 xiàgǎng zhígōng
기술직 전문가	师傅 스 푸 shīfu	관광가이드	导游 다오 유 dǎoyóu
종업원	服务员 푸 우 위안 fúwùyuán		
판매원	售货员 셔우 휘 위안 shòuhuòyuán	**직함** ▼	
조직폭력배	黑帮 헤이 방 hēibāng	직함	职衔 즈 셴 zhíxián

회장	董事长 dǒngshìzhǎng _{둥 스 장}		= 常务理事 chángwù lǐshì _{창 우 리스}
사장	总经理 zǒngjīnglǐ _{쭝 징 리}	국장	局长 júzhǎng _{쥐 장}
부사장	副总经理 fùzǒngjīnglǐ _{푸 쭝 징 리}	간부	干部 gànbù _{간 부}
이사	董事 dǒngshi _{둥 스}	처장	处长 chùzhǎng _{추 장}
대표	代表 dàibiǎo _{다이 뱌오}	부장, 장관	部长 bùzhǎng _{부 장}
(기업주, 상점주인) 사장	老板 lǎobǎn _{라오 반}	매니저	经理 jīnglǐ _{징 리}
상무이사	常务董事 chángwù dǒngshì _{창 우 둥 스}	과장	科长 kēzhǎng _{커 장}

주임	主任 zhǔrèn	근무시간	工作时间 gōngzuò shíjiān
상사	上级 shàngjí	일자리를 구하다	求职 qiúzhí
부하직원	下级 xiàjí	취직하다	就职 jiùzhí
회사동료	同事 tóngshì	아르바이트 하다	打工 dǎ gōng

직장 ▼

		(토요일과 일요일 쉬는) 주5일 근무제	双休日 shuāngxiūrì
직장	工作单位 gōngzuò dānwèi	맞벌이 부부	双职工 shuāngzhígōng
		근무하다	值班 zhíbān

주 런 主任 zhǔrèn

궁 쥐 스 젠 工作时间 gōngzuò shíjiān

상 지 上级 shàngjí

추 주 求职 qiúzhí

샤 지 下级 xiàjí

쥬 즈 就职 jiùzhí

퉁 스 同事 tóngshì

다 궁 打工 dǎ gōng

쌍 슈 르 双休日 shuāngxiūrì

궁 쩌 단 웨이 工作单位 gōngzuò dānwèi

쌍 즈 궁 双职工 shuāngzhígōng

즈 반 值班 zhíbān

추가 근무하다	^{자 반} **加班** jiābān		연말 보너스	^{녠 중 장 진} **年终奖金** niánzhōng jiǎngjīn
급여	^{궁 쯔} **工资** gōngzī		수당	^{진 톄} **津贴** jīntiē
	^{신 쉐이} = **薪水** xīnshuǐ		퇴직하다	^{투이 슈} **退休** tuìxiū
월급을 받다	^{링 궁 쯔} **领工资** lǐng gōngzī		퇴직금	^{투이 슈 진} **退休金** tuìxiūjīn
월급	^{웨 신} **月薪** yuèxīn		퇴직 연령	^{투이 슈 녠 링} **退休年龄** tuìxiū niánlíng
연봉	^{녠 신} **年薪** niánxīn		휴가	^{슈 쟈} **休假** xiūjià
보너스	^{장 진} **奖金** jiǎngjīn		유급휴가	^{다이 신 슈 쟈} **带薪休假** dàixīn xiūjià

휴가를 내다	请假 qǐng jià (칭 자)	밤을 새워가며 일이나 공부를 하다	开夜车 kāiyèchē (카이 예 처)
보고하다	报告 bàogào (바오가오)	돈을 벌다	挣钱 zhèng qián (정 첸)
수수료, 리베이트	回扣 huíkòu (후이 커우)	이직하다	跳槽 tiàocáo (탸오차오)
바이어, 고객	客户 kèhù (커 후)	해고하다	炒鱿鱼 chǎoyóuyú (차오 유 위)
명함	名片 míngpiàn (밍 폔)	승진하다	晋升 jìnshēng (진 성)
명함을 교환하다	交换名片 jiāphuà míngpiàn (쟈오 환 밍 폔)	=	升级 shēngjí (성 지)
워크홀릭	工作狂 gōngzuòkuáng (궁 쭤 쾅)	영전하다, 높은 지위로 승진하다	升迁 shēngqiān (성 첸)

16

계절 · 날씨

봄	春天 춘 톈 chūntiān	춥다	冷 렁 lěng
여름	夏天 샤 톈 xiàtiān	춥지도 덥지도 않다	不冷也不热 부 렁 예 부 러 bù lěng yě bú rè
가을	秋天 추 톈 qiūtiān	비가 내리다	下雨 샤 위 xià yǔ
겨울	冬天 둥 톈 dōngtiān	가랑비가 내리다	下毛毛细雨 샤 마오마오 시 위 xià máomáo xìyǔ
덥다	热 러 rè	폭우가 내리다	下暴雨 샤 바오 위 xià bàoyǔ
따뜻하다	暖和 난 휘 nuǎnhuo	눈이 내리다	下雪 샤 쉐 xià xuě
시원하다	凉快 량 콰이 liángkuài	바람이 불다	刮风 과 펑 guā fēng

159

| 맑다 | 晴天 _{칭 톈}
qíngtiān | 도 | 度 _두
dù |

맑다　晴天　qíngtiān〔칭 톈〕

흐리다　阴天　yīntiān〔인 톈〕

안개　雾　wù〔우〕

<u>스모그</u>　雾霾　wùmái〔우 마이〕

기온　气温　qìwēn〔치 원〕

영하　零下　língxià〔링 샤〕

영상　零上　língshàng〔링 상〕

도　度　dù〔두〕

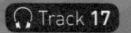

17

스포츠

구기 종목 ▼

| 축구 | 足球
주 추
zúqiú |

| 축구를 하다 | 踢足球
티 주 추
tī zúqiú |

❶ (구기 종목을) 하다 打를 쓰는 운동 종목

| 농구 | 篮球
란 추
lánqiú |

| 배구 | 排球
파이 추
páiqiú |

| 야구 | 棒球
방 추
bàngqiú |

| 탁구 | 乒乓球
핑 팡 추
pīngpāngqiú |

| 배드민턴 | 羽毛球
위 마오 추
yǔmáoqiú |

| 스쿼시 | 壁球
비 추
bìqiú |

| 테니스 | 网球
왕 추
wǎngqiú |

| 골프 | 高尔夫球
가오 얼 푸 추
gāo'ěrfūqiú |

| 당구 | 台球
타이 추
táiqiú |

| 럭비 | 橄榄球
간 란 추
gǎnlǎnqiú |

| 볼링 | 바오 링 추
保龄球
bǎolíngqiú | 복싱 | 취안 지
拳击
quánjī |

볼링	바오 링 추 **保龄球** bǎolíngqiú

| 태권도 | 타이 취안 다오
跆拳道
táiquándào |

기타 ▼

육상	톈 징 **田径** tiánjìng
마라톤	마 라 숭 **马拉松** mǎlāsōng
높이뛰기	탸오 가오 **跳高** tiàogāo
멀리뛰기	탸오 위안 **跳远** tiàoyuǎn

복싱	취안 지 **拳击** quánjī
태권도	타이 취안 다오 **跆拳道** táiquándào
유도	러우 다오 **柔道** róudào
펜싱	지 젠 **击剑** jījiàn
역도	쥐 중 **举重** jǔzhòng
수영	유 융 **游泳** yóuyǒng
평영	와 융 **蛙泳** wāyǒng

자유영	自由泳 zìyóuyǒng	헬스클럽	健身房 jiànshēnfáng

자유영	쯔 유 융 **自由泳** zìyóuyǒng	헬스클럽	젠 선 팡 **健身房** jiànshēnfáng
배영	양 융 **仰泳** yǎngyǒng	등산하다	파 산 **爬山** pá shān
접영	뎨 융 **蝶泳** diéyǒng	스키를 타다	화 쉐 **滑雪** huá xuě
평영을 하다	유 와 융 **游蛙泳** yóu wāyǒng	스노보드를 타다	화 쉐 반 **滑雪板** huá xuěbǎn
스케이팅	화 빙 **滑冰** huábīng		
피겨스케이팅	화 양 화 빙 **花样滑冰** huāyànghuábīng		
헬스	젠 선 **健身** jiànshēn		

164

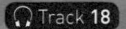

18

관광중국어

예약, 예약하다	预约 위 웨 yùyuē	입국하다	入境 루 징 rùjìng
예약하다	预订 위 딩 yùdìng	출국하다	出境 추 징 chūjìng
식당을 예약하다	预订餐馆 위 딩 찬 관 yùdìng cānguǎn	비자	签证 쳰 정 qiānzhèng
항공권을 예약하다	预订机票 위 딩 지 퍄오 yùdìng jīpiào	수정하다	更改 겅 가이 gēnggǎi
항공권	机票 지 퍄오 jīpiào	취소하다	取消 취 샤오 qǔxiāo
이코노미 클래스	经济舱 징 지 창 jīngjì cāng	다가가다	靠近 카오 진 kàojìn
퍼스트 클래스	头等舱 터우 덩 창 tóuděngcāng	정말 좋다	好极了 하오 지 러 Hǎojí le

166

신용카드	信用卡 xìnyòngkǎ	소비하다	消费 xiāofèi
신용카드를 사용하다	用信用卡 yòng xìnyòngkǎ	팁	小费 xiǎofèi
카트	手推车 shǒutuīchē	비용을 받지 않다	不收费 bù shōu fèi
환전하다	换钱 huànqián	팁을 받지 않다	不收小费 bù shōu xiǎofèi
지불하다	付款 fùkuǎn	공짜, 무료	免费 miǎnfèi
차비	车费 chēfèi	서비스	服务 fúwù
비용, 비용을 받다	收费 shōufèi	봉사료	服务费 fúwùfèi

167

안내데스크	푸 우 타이 **服务台** fúwùtái	가장 좋은 것	쭈이 하오 더 **最好的** zuì hǎo de
마음대로	쑤이 벤 **随便** suíbiàn	가장 비싼 것	쭈이 구이 더 **最贵的** zuì guì de
편하게 둘러보다	쑤이 벤 칸 칸 **随便看看** suíbiàn kànkan	마지막	쭈이 허우 **最后** zuìhòu
시간을 정하다	웨 거 스 젠 **约个时间** yuē ge shíjiān	더 좋다	껑 하오 **更好** gènghǎo
있나요?	유 메이 유 **有没有?** yǒu méiyǒu?	~사이	즈 젠 **之间** zhījiān
좋습니까?	하오 부 하오 **好不好?** hǎobuhǎo?	찢어졌다, 구멍이 나다	포 러 **破了** pò le
뭐 또 필요하세요?	하이야오 션 머 **还要什么?** Háiyào shénme?	재미있다	유 이스 **有意思** yǒu yìsi

재미없다	메이 유 이 스 **没有意思** méiyǒu yìsi		현찰	셴 진 **现金** xiànjīn
안녕! (작별인사)	짜이 젠 **再见!** Zàijiàn!		돈을 인출하다	티 콴 **提款** tíkuǎn
케이블 TV	유 셴 볜 스 **有线电视** yǒuxiàn diànshì		현금지급기	티 콴 지 **提款机** tíkuǎnjī
제가 ~를 해도 되나요?	워 넝 부 넝 **我能不能~?** Wǒ néng bùnéng?		천주교	톈 주 자오 **天主教** Tiānzhǔjiào
전화를 걸다	다 뗀 화 **打电话** dǎ diànhuà		성당	자오 탕 **教堂** dàjiàotáng
전화를 받다	제 뗀 화 **接电话** jiē diànhuà		기독교	지 두 자오 **基督教** Jīdūjiào
전화를 끊다	과 뗀 화 **挂电话** guà diànhuà		교회	자오후이 **教会** jiàohuì

불교	포 자오 **佛教** Fójiào	배터리가 달았어요.	메이 유 뗀 러 **没有电了。** Méiyǒu diàn le.
절	쓰 먀오 **寺庙** sìmiào	충분해요! 됐어요!	거우 러 **够了!** Gòu le!
시내	스 중 신 **市中心** shìzhōngxīn	미안합니다!	두이 부 치 **对不起!** Duìbuqǐ!
담배	샹 옌 **香烟** xiāngyān	더블침대	쐉 런 촹 **双人床** shuāngrénchuáng
세관	하이 관 **海关** hǎiguān	싱글침대	딴 런 촹 **单人床** dānrénchuáng
세관신고서	하이 관 선 바오 단 **海关申报单** hǎiguān shēnbàodān	드라이	간 시 **干洗** gānxǐ
이런 빌어먹을!	가이 쓰 더 **该死的!** Gāi sǐ de!	물세탁	쒜이 시 **水洗** shuǐxǐ

세탁소	간 시 뗸 干洗店 gānxǐdiàn	패스트푸드점	콰이 찬 뗸 快餐店 kuàicāndiàn
방값에 조식이 포함되다	팡 자 바오자오 찬 房价包早餐 fángjià bāo zǎocān	호텔	판 뗸 饭店 fàndiàn
식사는 제외이다	부 바오 쿼 츠 판 不包括吃饭 bù bāokuò chī fàn		주 뗸 = 酒店 jiǔdiàn
유명하다	주 밍 著名 zhùmíng	(회사나 학교의) 구내식당	스 탕 食堂 shítáng
먹을 것	츠 더 둥시 吃的东西 chī de dōngxi	사전에	티 쳰 提前 tíqián
밥 먹을 장소	츠 판 더 디 팡 吃饭的地方 chī fàn de difang	출구	추 커우 出口 chūlǒu
패스트푸드	콰이 찬 快餐 kuàicān	미시오	투이 推 tuī

당기시오	라 拉 lā	찾았다	자오다오 러 找到了 Zhǎodào le
중국어를 말 할 줄 안다	후이 쉬 한 위 会说汉语 huì shuō Hànyǔ	못 찾았다	메이 자오 다오 没找到 Méi zhǎodào
	= 후이 쉬 중 원 会说中文 huì shuō Zhōngwén	말다툼하다	차오 자 吵架 chǎo jià
제외하다	추 러 除了 chú le	기절했다	윈 다오 러 晕倒了 Yūndǎo le
무게가 초과하다	차오 중 超重 chāozhòng	음악회	인 웨 후이 音乐会 yīnyuèhuì
번호	하오 마 号码 hàomǎ	콘서트	옌 창 후이 演唱会 yǎnchànghuì
차가워졌다, 식었다	량 러 凉了 Liáng le	혜택, 우대	유 후이 优惠 yōuhuì

원망하다	^{바오위안} **抱怨** bàoyuàn	기억이 안 난다	^{부 지 더} **不记得** Bú jìde
확인하다	^{췌 런} **确认** quèrèn	다시 한 번 말해 주시요.	^{자이 쉬 이 볜} **再说一遍。** Zài shuō yíbiàn.
정확하다	^{정 췌} **正确** zhèngquè	시간이 있다	^{유 쿵} **有空** yǒu kòng
전염되다	^{촨 란} **传染** chuánrǎn	어떻게 갑니까?	^{전 머 쩌우} **怎么走?** Zěnme zǒu?
담았다.	^{좡 러} **装了。** Zhuāng le.	즐겁게 놀다	^{완 더 카이 신} **玩得开心** wán de kāixīn
몸에 딱 맞다	^{허 선} **合身** héshēn	도착하다	^{다오 다} **到达** dàodá
잊었다.	^{왕 지 러} **忘记了。** Wàngjì le.	비키세요!	^{쩌우카이} **走开!** Zǒukāi!

조심하세요!	小心! 샤오 신 Xiǎoxīn!	여가생활	业余爱好 예 위 아이 하오 yèyú shēnghuó
계단 조심	小心台阶 샤오 신 타이 제 Xiǎoxīn táijiē	노래방	卡拉OK 카 라 OK KǎlāOK
상점을 쇼핑하다	逛逛商店 꽝 꽝 상 뗸 guàngguang shāngdiàn	배고파요!	饿了! 어 러 È le!
수지가 맞다	很划算 헌 화 쫜 hěn huásuàn	다쳤어요!	受伤了! 샤우 상 러 Shòushāng le!
도움, 돕다	帮助 방 주 bāngzhù	조금 큰 것	大点的 다 뎬 더 dà diǎn de
그의 것	他的 타 더 tā de	저에게 빌려주세요.	借给我。 제 게이 워 Jiègěi wǒ.
이것은 그의 것이다.	这是他的。 저 스 타 더 Zhè shì tā de.	괜찮아요!	不要紧! 부 야오 진 Búyàojǐn!

174

나는 반드시 ~해야 한다	워 비 쒸 **我必须~** Wǒ bìxū	나이트클럽	예 쫑 후이 **夜总会** yèzǒnghuì
많다	헌 뒤 **很多** hěn duō	정상이다	정 창 **正常** zhàngcháng
남자 화장실	난 처 워 **男厕所** nán cèsuǒ	정전되다	팅 뎬 **停电** tíngdiàn
여자 화장실	뉘 처 워 **女厕所** nǚ cèsuǒ	매주 한 컨	메이 저 이 츠 **每周一次** měizhōu yí cì
담배를 피우지 않다	부 처우 옌 **不抽烟** bù chōu yān	한 달에 한 번	이 거 웨이 츠 **一个月一次** yí ge yuè yí cì
금연	진 즈 시 옌 **禁止吸烟** jìnzhǐ xī yān	조금 조용히 해 주세요	안 징 뎬 **安静点** Ānjìng diǎn
무알콜	부 한 주 징 **不含酒精** bùhán jiǔjīng	빨리요!	콰이 뎬 **快点!** Kuài diǎn!

덕담 ▼

당신이 ~하시기 바랍니다.	祝你~ Zhù nǐ
건강하시길 기원합니다.	祝你健康。 Zhù nǐ jiànkāng.
행복하세요.	祝你幸福。 Zhù nǐ xìngfú.
행운이 함께 하길 바랍니다.	祝你好运。 Zhù nǐ hǎoyùn.
생일 축하합니다.	生日快乐。 Shēngrì kuàilè.
부자 되세요.	恭喜发财。 Gōngxǐ fā cái.

새해 복 많이 받으세요.	新年快乐。 Xīnnián kuàilè.
만사형통하세요.	万事如意。 Wànshi rúyì.
뜻하시는 일 모두 이루세요.	心想事成。 Xīnxiǎng shì chéng.

176

Day 10

맘 잡고
공부시작!

동사 집중 공략

앞서 DAY 02에서 중국어의 기본 동사 15개를 알아 봤습니다. 말을 잘 하려면
그만큼 많은 어휘를 알아야하는 것 같아요. 오늘은 동사의 긍정과 부정 그리고
완료형에 대해 알아봅니다. 중국어에 '가장 완벽하고 아름답다'는 뜻의 **十全十**
스 취안 스
美 shí quán shí měi' 라는 말이 있습니다. 가장 완벽하게 가장 아름답게 공부
메이
자 유
계속해 보자고요! **加油!** Jiā yóu 파이팅!

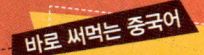
동사의 긍정형 주어+동사(+목적어)

▶ 동작을 나타내는 동사

🎧 Track 23

쩌우 走 zǒu 걷다, 가다	쭤 坐 zuò 앉다, 타다	쉐 시 学习 xuéxí 공부하다

01 그는 길을 걷습니다.

타 쩌우 루
他走路。
Tā zǒu lù.

02 그는 집에 갑니다.

타 후이 쟈
他回家。
Tā huí jiā.

03 그는 집에 걸어갑니다.

타 쩌우 루 후이 쟈
他走路回家。
Tā zǒu lù huí jiā.

04 나는 비행기를 탑니다.

워 쭤 페이 지
我坐飞机。
Wǒ zuò fēijī.

05 나는 베이징에 갑니다.

워 취 베이 징
我去北京。
Wǒ qù Běijīng.

06 나는 비행기를 타고 베이징에 갑니다.

워 쭤 페이 지 취 베이 징
我坐飞机去北京。
Wǒ zuò fēijī qù Běijīng.

07 그는 열심히 공부합니다.

타 헌 런 전 쉐 시
他很认真学习。
Tā hěn rènzhēn xuéxí.

08 나는 중국어를 공부합니다.

워 쉐 시 한 위
我学习汉语。
Wǒ xuéxí Hànyǔ.

▶ **심리 상태를 나타내는 동사**

시 왕 **希望** xīwàng 희망하다, 바라다	타오 옌 **讨厌** tǎoyàn 싫어하다	셴 무 **羡慕** xiànmù 부러워하다

설명 : 심리를 나타내는 동사는 부사 '很 _헌hěn 매우'의 수식을 받을 수 있다.

---

09 나는 그를 아주 좋아합니다.
워 헌 시 환 타
我很喜欢他。
Wǒ hěn xǐhuan tā.

---

10 나는 건강하고 평안하길
희망합니다.
워 시 왕 젠 캉 핑 안
我希望健康平安。
Wǒ xīwàng jiànkāng píng'ān.

---

11 그는 분홍색을 싫어합니다.
타 타오 옌 펀 훙 써
他讨厌粉红色。
Tā tǎoyàn fěnhóngsè.

---

12 나는 오바마가 부럽습니다.
워 셴 무 아오 바 마
我羡慕奥巴马。
Wǒ xiànmù Àobāmǎ.

▶ 존재·소유 등을 나타내는 동사

在 zài 있다	有 yǒu 가지고 있다, 있다	发生 fāshēng 발생하다

13 그는 중국에 있습니다.

他在中国。
Tā zài Zhōngguó.

14 나는 남자친구가 있습니다.

我有男朋友。(소유)
Wǒ yǒu nán péngyou.

15 자신 있습니다.

我有信心。(소유)
Wǒ yǒu xìnxīn.

16 한국에는 궁전이 많습니다.

韩国有很多宫殿。(존재)
Hánguó yǒu hěn duō gōngdiàn.

17 여기에는 열 명이 있다.

这儿有十个人。(존재)
Zhèr yǒu shí ge rén.

▶ 판단을 나타내는 동사

是 shì …이다

18 나는 한국 사람입니다.

我是韩国人。
Wǒ shì Hánguórén.

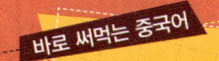

동사의 부정형 주어+不+동사(+목적어)

🎧 Track 24

표현방법 : 주어 + 不 bù/bú + 동사 (+ 목적어)
단 동사 '有 yǒu '는 '주어 + 没有 méiyǒu + 동사 (+ 목적어)'로 표현

01 그는 길을 걷지 않습니다.

타 부 쩌우 루
他不走路。
Tā bù zǒu lù.

02 그는 집에 가지 않습니다.

타 부 후이 쟈
他不回家。
Tā bù huí jiā.

03 나는 비행기를 타지 않습니다.

워 부 쭤 페이 지
我不坐飞机。
Wǒ bú zuò fēijī.

04 나는 베이징에 가지 않습니다.

워 부 취 베이 징
我不去北京。
Wǒ bú qù Běijīng.

05 그는 열심히 공부하지 않습니다.

타 부 런 전 쉐 시
他不认真学习。
Tā bú rènzhēn xuéxí

06 나는 영어를 공부하지 않습니다.

워 부 쉐 시 잉 위
我不学习英语。
Wǒ bù xuéxí Yīngyǔ.

07 나는 정말 떠나고 싶지 않습니다.

워 전 부 시 왕 리 카이
我真不希望离开。
Wǒ zhēn bù xīwàng lí kāi.

08 그는 빨강색을 싫어하지 않습니다.

타 부 타오 옌 훙 써
他不讨厌红色。
Tā bù tǎoyàn hóngsè.

09 나는 오바마가 부럽지 않습니다.

워 부 셴 무 아오 바 마
我不羡慕奥巴马。
Wǒ bú xiànmù Àobāmǎ.

10 그는 중국에 있지 않습니다.

<ruby>他<rt>타</rt></ruby><ruby>不<rt>부</rt></ruby><ruby>在<rt>짜이</rt></ruby><ruby>中<rt>중</rt></ruby><ruby>国<rt>궈</rt></ruby>。

Tā bú zài Zhōngguó.

11 나는 남자친구가 없습니다.

<ruby>我<rt>워</rt></ruby><ruby>没<rt>메이</rt></ruby><ruby>有<rt>유</rt></ruby><ruby>男<rt>난</rt></ruby><ruby>朋<rt>펑</rt></ruby><ruby>友<rt>유</rt></ruby>。

Wǒ méiyǒu nán péngyou.

12 자신 없습니다.

<ruby>我<rt>워</rt></ruby><ruby>没<rt>메이</rt></ruby><ruby>有<rt>유</rt></ruby><ruby>信<rt>신</rt></ruby><ruby>心<rt>신</rt></ruby>。

Wǒ méiyǒu xìnxīn.

13 나는 중국인이 아닙니다.

<ruby>我<rt>워</rt></ruby><ruby>不<rt>부</rt></ruby><ruby>是<rt>스</rt></ruby><ruby>中<rt>중</rt></ruby><ruby>国<rt>궈</rt></ruby><ruby>人<rt>런</rt></ruby>。

Wǒ búshì Zhōngguórén.

동사의 완료형과 부정형

🎧 Track 25

완료형 : 주어 + 동사 (+ 목적어) + 了 le

부정형 : 주어 + 没(有) + 동사 (+ 목적어) ＊了는 없어진다.

01 나는 식사를 했습니다.

워 츠 판 러
我吃饭了。
Wǒ chī fàn le.

나는 식사를 하지 않았습니다.

워 메이 츠 판
我没吃饭。
Wǒ méi chī fàn.

02 저 결혼했어요.

워 제 훈 러
我结婚了。
Wǒ jié hūn le.

저는 결혼하지 않았습니다.

워 메이 유 제 훈
我没有结婚。
Wǒ méiyǒu jié hūn.

03 나는 상하이에 도착했습니다.

워 다오 상 하이 러
我到上海了。
Wǒ dào Shànghǎi le.

나는 상하이에 도착하지
않았습니다.

워 메이 유 다오 상 하이
我没有到上海。
Wǒ méiyǒu dào Shànghǎi.

04 나는 사과를 샀습니다.

워 마이 핑 궈 러
我买苹果了。
Wǒ mǎi píngguǒ le.

나는 사과를 사지 않았습니다.

워 메이 유 마이 핑 궈
我没有买苹果。
Wǒ méiyǒu mǎi píngguǒ.

기타 동사

🎧 Track 26

01 그는 기침을 합니다.	_{타 커 서우} **他咳嗽。** Tā késou.	
02 그는 수영을 합니다.	_{타 유 융} **他游泳。** Tā yóu yǒng.	
03 그는 쉬지 않습니다.	_{타 부 슈 시} **他不休息。** Tā bù xiūxi.	
04 나는 밤 12시에 취침합니다.	_{워 완 상 스 얼 뗸 쉐이자오} **我晚上十二点睡觉。** Wǒ wǎnshang shí'èr diǎn shuì jiào.	

▶ **타동사+목적어**

05 나는 영화를 봅니다.	_{워 칸 뗸 잉} **我看电影。** Wǒ kàn diànyǐng.	
06 그는 한국 요리를 먹습니다.	_{타 츠 한 궈 차이} **他吃韩国菜。** Tā chī Hánguó cài.	

TEST　제시된 문장은 본문에 나오는 문장들입니다.

▶ 다음 문장을 부정문으로 고치세요.

01　他吃韩国菜。

02　我看电影。

03　他休息。

04　我买苹果了。(완료형 부정문으로)

05　我结婚了。(완료형 부정문으로)

▶ 다음 문장을 긍정문으로 고치세요.

06　他不回家。

07　我不喜欢他。

08　我不羡慕你。

09　他们没有学习。(완료형 긍정문으로)

10　我没有休息。(완료형 긍정문으로)

01 타 부 츠 한 궈 차이
他不吃韩国菜。 Tā bù chī Hánguó cài.

02 워 부 칸 뗸 잉
我不看电影。 Wǒ bú kàn diànyǐng.

03 타 부 슈 시
他不休息。 Tā bù xiūxi.

04 워 메이 (유) 마이 핑 궈
我没(有)买苹果。 Wǒ méi(yǒu) mǎi píngguǒ.

05 워 메이 (유) 졔 훈
我没(有)结婚。 Wǒ méi(yǒu) jié hūn.

06 타 후이 쟈
他回家。 Tā huí jiā.

07 워 시 환 타
我喜欢他。 Wǒ xǐhuan tā.

08 워 시엔 무 니
我羡慕你。 Wǒ xiànmù nǐ.

09 타 먼 쉐 시 러
他们学习了。 Tāmen xuéxí le.

10 워 슈 시 러
我休息了。 Wǒ xiūxi le.

중국어
말문 떼기

중국어에도 끊어 읽기가 중요하다는 사실 알고 계세요?

다음 문장은 어디를 끊어 읽느냐에 따라 의미가 완전히 달라집니다.

❶ 자유와 평등인지? 자유, 평화 등등 인지?

自由 - 和 - 平等 ziyóu-hé-píngděng

풀이 : 자유와 평등

自由 - 和平 - 等 zìyóu-hépíng-děng

풀이 : 자유, 평등 등

❷ 중국의 인구가 많다는 건지? 입이 많다는 건지?

中国 - 人口 - 好多啊! Zhōngguó rénkǒu hǎo duō a!

풀이 : 중국 인구는 참 많네요!

中国人 - 口 - 好多啊! Zhōngguórén-kǒu-hǎo duō a!

풀이 : 중국 사람들은 입(口)도 정말 많네요!

Day 11

맘 잡고
공부시작!

능원동사 - '~하고 싶다' / '~해도 되요?'

DAY 10에서 동사의 문장 유형에 대해 알아봤습니다. '~하고 싶다'는 중국어로
想 xiǎng이라고 하는데요, 품사로는 조동사에 해당하지요. 이런 표현들은 가능
이나 소원·의무 등을 나타내기 때문에 문법적 표
현으로 '능원동사'라고도 합니다. 오늘은 '능원
동사'라고도 불리는 '조동사' 표현에 대해 알
아봅니다. 네? 什么? Shénme? 빨리 배우고
싶다고요? 很想赶快学习? Hěn xiǎng
gǎnkuài xuéxí? 자~지금 곧 시
작합니다. 来~马上就开始。
Mǎshàng jiù kāishǐ.

긍정문 주어(+부사)+조동사+동사+목적어

🎧 Track 28

능원동사 종류 :

소원이나 의지를 나타내는 想 xiǎng (〜하고 싶다) 要 yào (〜할 작정이다, 〜해야 한다)

능력이나 허락을 나타내는 能 néng 会 huì 可以 kěyǐ (〜할 수 있다)

의무 등을 나타내는 应该 yīnggāi 得 děi (〜해야 한다)

---

01 나는 영화를 보고 싶습니다.
워 샹 칸 뎬 잉
我想看电影。
Wǒ xiǎng kàn diànyǐng.

---

02 나는 이 영화가 보고 싶습니다.
워 샹 칸 저 부 뎬 잉
我想看这部电影。
Wǒ xiǎng kàn zhè bù diànyǐng.

---

03 나는 커피가 마시고 싶어요.
워 샹 허 카 페이
我想喝咖啡。
Wǒ xiǎng hē kāfēi.

---

04 나는 생맥주가 마시고 싶어요.
워 샹 허 자 피
我想喝扎啤。
Wǒ xiǎng hē zhāpí.

---

05 나는 공부가 너무 하고 싶습니다.
워 헌 샹 쉐 시
我很想学习。
Wǒ hěn xiǎng xuéxí.

---

06 나는 녹차를 마실 겁니다.
워 야오 허 뤼 차
我要喝绿茶。
Wǒ yào hē lǜchá.

---

07 나는 중국어를 배울 겁니다.
워 야오 쉐 중 원
我要学中文。
Wǒ yào xué Zhōngwén.

---

08 나는 다이어트를 해야 합니다.
워 야오 젠 페이
我要减肥。
Wǒ yào jiǎnféi.

---

09 나는 밥을 먹을 겁니다.
워 야오 츠 판
我要吃饭。
Wǒ yào chī fàn.

10	그는 문제 해결을 참 잘해요. (능력)	타 전 넝 제 줴 원 티 **他真能解决问题。** Tā zhēn néng jiějué wèntí.
11	저는 운전을 할 수 있어요. (상황이 가능함)	워 넝 카이 처 **我能开车。** Wǒ néng kāi chē.
12	나는 수영을 할 줄 압니다. (배워서 가능해짐)	워 후이 유 융 **我会游泳。** Wǒ huì yóu yǒng.
13	이곳에서는 흡연이 가능합니다. (허락)	절 커 이 처우 옌 **这儿可以抽烟。** Zhèr kěyǐ chōu yān.

부정문 주어(+부사)+不+조동사+동사+목적어

01 나는 만나고 싶지 않아요.
워 부 샹 젠 몐
我不想见面。
Wǒ bùxiǎng jiàn miàn.

02 나는 그와 만나고 싶지 않아요.
워 부 샹 허 타 젠 몐
我不想和他见面。
Wǒ bùxiǎng hé tā jiàn miàn.

03 나는 결혼하지 않을 겁니다.
(의지)
워 부 야오 제 훈
我不要结婚。
Wǒ búyào jié hūn.

04 나는 재테크를 할 줄 몰라요.
워 부 후이 리 차이
我不会理财。
Wǒ búhuì lǐ cái.

05 나는 매운 걸 못 먹어요.
(타고난 능력)
워 부 넝 츠 라 더
我不能吃辣的。
Wǒ bùnéng chī là de.

06 나는 그를 떠날 수 없어요.
(상황)
워 부 넝 리 카이 타
我不能离开他。
Wǒ bùnéng lí kāi tā.

07 저는 만다린(북경어)을 할 줄
모릅니다.
워 부 후이 숴 푸 퉁 화
我不会说普通话。
Wǒ búhuì shuō pǔtōnghuà.

08 저는 노래 부를 줄 몰라요.
워 부 후이 창 거
我不会唱歌。
Wǒ búhuì chàng gē.

09 (당신은) 걱정할 필요 없습니다.
니 부 잉 가이 단 신
你不应该担心。
Nǐ bù yīnggāi dān xīn.

10 (당신은) 지각을 해서는
안 됩니다.
니 부 잉 가이 츠 다오
你不应该迟到。
Nǐ bù yīnggāi chídào.

11 함부로 행동하면 안 돼!
부 커 이 롼 라이
不可以乱来!
Bù kěyǐ luànlái!

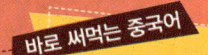

의문문 주어+조동사+동사+목적어+吗?

🎧 Track 30

01 집에 가고 싶으세요?
니 샹 후이 쟈 마
你想回家吗?
Nǐ xiǎng huí jiā ma?

02 식사 하실래요?
니 야오 츠 판 마
你要吃饭吗?
Nǐ yào chī fàn ma?

03 그 사람 만나 보실래요?
니 야오 건 타 졘 몐 마
你要跟他见面吗?
Nǐ yào gēn tā jiàn miàn ma?

04 여기로 올 수 있어요? (상황)
니 녕 라이 절 마
你能来这儿吗?
Nǐ néng lái zhèr ma?

05 수영할 줄 아세요?
(배워서 할 줄 아는 능력)
니 후이 유 융 마
你会游泳吗?
Nǐ huì yóu yǒng ma?

06 요리 할 줄 아세요?
(배워서 할 줄 아는 능력)
니 후이 쭤 차이 마
你会做菜吗?
Nǐ huì zuò cài ma?

07 여기 담배 태울 수 있나요?
(허락)
저 리 커 이 쳐우 옌 마
这里可以抽烟吗?
Zhèlǐ kěyǐ chōu yān ma?

08 제가 잠시 생각을 좀 해봐도
되겠습니까?
워 커 이 카오뤼 이 샤 마
我可以考虑一下吗?
Wǒ kěyǐ kǎolǜ yíxià ma?

09 영화 보고 싶으세요?
니 샹 칸 뎬 잉 마
你想看电影吗?
Nǐ xiǎng kàn diànyǐng ma?

10 새 것으로 살 거예요?
니 야오마이 신 더 마
你要买新的吗?
Nǐ yào mǎi xīn de ma?

11 제가 그녀를 포기해야
마땅할까요?
워 잉 가이 팡 치 타 마
我应该放弃她吗?
Wǒ yīnggāi fàngqì tā ma?

TEST

다음 대화문이나 문장을 보고 괄호 안에 공통으로
들어갈 능원동사를 적으세요.

🎧 Track 31

01 a: 你(   )看电影吗?　　　영화 보고 싶으세요?

b: 我不(   )看电影，我(   )休息。　저는 영화보고 싶지 않아요.
　　　쉬고 싶어요.

02 我(   )买一件衣服。　나는 옷을 한 벌 사야 합니다.
　　(件 jiàn 벌)

我(   )买一本小说。　나는 소설 한 권을 사야 합니다.

03 我(   )买衣服。　나는 옷을 사고 싶지 않아요.
　　(衣服 yīfu 옷)

我(   )买一本小说。　나는 소설책 한 권을 사고 싶지 않
　　아요.

04 子女(   )孝顺父母。　자식은 부모에게 효도해야 한다.
Zǐnǚ (   ) xiàoshùn fùmǔ.

学生(   )努力学习。　학생은 열심히 공부해야 한다.

05 明天你(   )来吗?　내일 올 수 있어요?

你(   )吃辣的吗?　매운 것 먹을 줄 아세요?

06 你(   )游泳吗?　수영 할 줄 아세요?

我(   )说中文。　저는 중국어를 할 줄 압니다.

07 这里（　　）抽烟吗？		여기서 담배 태울 수 있나요?
当然不（　　）。		물론 안 됩니다.
08 他受伤了，（　　）开车。		그는 다쳐서 운전을 할 수 없어요. 서우 상 (**受伤 shòu shāng** 다치다)
她怀孕了，（　　）开车。		그녀는 임신을 해서 운전을 못해요.
09 你（　　）迟到。		당신은 지각을 해선 안 됩니다.
你（　　）再吃甜食。		단 음식을 다시 드려서 안 됩니다.
10 你（　　）休息。		당신은 쉬어야 해요.
你（　）早点回家。		당신은 집에 일찍 들어가야 해요. 짜오 뎬 (**早点 zǎo diǎn** 조금 일찍)

Answer

01 想 **想** xiǎng

02 야오 **要** yào

03 부 상 **不想** bùxiǎng

04 잉 가이 데이 **应该** yīnggāi, **得** děi

05 넝 **能** néng

06 후이 **会** huì

07 커 이 **可以** kěyǐ

08 부 넝 **不能** bùnéng

09 부 잉 가이 **不应该** bù yīnggāi ('得'의 부정으로 '不得'는 쓸 수 없음)

10 잉 가이 데이 **应该** yīnggāi, **得** děi

간체자와 번체자

중국은 1956년 국무원이 《한자간화방안(漢字簡化方案)》을 발포한 이래, 총 네 차례 수정·보완을 거쳐 최종 완성되었습니다. 간체자는 다음과 같은 방법으로 다양하게 표기 방법이 정해졌어요. 내용을 보면요~

❶ 편방(偏旁)을 줄인다.

優 → 优   燈 → 灯   棗 → 枣

❷ 동음(同音)으로 대체한다.

嚮 → 向   穀 → 谷   後 → 后

❸ 초서나 해서 형태로 전환한다.

長 → 长   專 → 专   爲 → 为

❹ 간단한 부호를 사용한다.

漢 → 汉   環 → 环   觀 → 观

❺ 글자의 특징을 남겨둔다.

學 → 学   聲 → 声   飛 → 飞

❻ 새로운 형성자(形聲字), 회의자(會意字)를 만드는 방법을 사용한다.

響 → 响   驚 → 惊   筆 → 笔

Day 12

맘 잡고
공부시작!

의문대사로 의문문 만들기

중국어의 질문 방법은 크게 두 가지인데요, DAY11에서 제시된 것처럼 '평서문
+ 吗? ^마 ma'를 사용하거나, "좋아요 안 좋아요? (= 좋지요?)"와 같이 긍정과 부
정의 표현을 한데 묶어 질문을 하는 방법이 있고요. 또 영어로 치면 'who 谁
shéi ^{쉐이}' 나 'what 什么 shénme ^{선 머}' 같은 의문대사를 사용하는 방법
등이 있지요. 공부시작 12일째, 이제는 질문하는 방법에 대해
알아볼까요? 好不好 Hǎo bu hǎo ^{하오 부 하오}

좋지요?

질문

Track 32

표현방법

주어 + 是 shì (〜은 …이다) + 목적어 + 吗? (〜입니까?)

주어 + 동사 + 목적어 + 吗? (〜합니까?)

의문대사를 사용해 궁금증 해결 (〜인가요?)

"있어요? 없어요?"와 같이 긍정과 부정의 표현을 한데 묶어 질문하는 의문문 등등…

01 김과장님 되세요?

니 스 진 커 장 마
你是金科长吗?
Nǐ shì Jīn kēzhǎng ma?

02 김과장님이 어느 분이시죠?

진 커 장 스 나 웨이
金科长是哪位?
Jīn kēzhǎng shì nǎ wèi?

03 중국분이세요?

니 스 중 궈 런 마
你是中国人吗?
Nǐ shì Zhōngguórén ma?

04 어디 분이세요?

니 스 나 리 런
你是哪里人?
Nǐ shǐ nǎli rén?

05 저 사람은 누구예요?

타 스 쉐이
他是谁?
Tā shì shéi?

06 커피 드실래요?

니 허 카 페이 마
你喝咖啡吗?
Nǐ hē kāfēi ma?

07 (음료수) 뭐 드실래요?

니 야오 허 선 머
你要喝什么?
Nǐ yào hē shénme?

08 뭐 보세요?

니 칸 선 머
你看什么?
Nǐ kàn shénme?

09 무슨 책 보세요?

니 칸 선 머 슈
你看什么书?
Nǐ kàn shénme shū?

10	내일 오세요?	밍 톈 니 라이 마 **明天你来吗?** Míngtiān nǐ lái ma?
11	지금 몇 시입니까?	셴 짜이 지 뎬 **现在几点?** Xiànzài jǐ diǎn?
12	내일 몇 시쯤 오세요?	니 밍 톈 지 뎬 라이 **你明天几点来?** Nǐ míngtiān jǐ diǎn lái?
13	내일 언제쯤 오세요?	밍 톈 선 머 스 허우라오 **明天什么时候来?** Míngtiān shéme shíhou lái?
14	오늘 몇 월 며칠입니까?	진 톈 지 웨 지 하오 **今天几月几号?** Jīntiān jǐ yuè jǐ hào?
15	오늘 무슨 요일입니까?	진 톈 싱 치 지 **今天星期几?** Jīntiān xīngqī jǐ?
16	당신은 친한 친구가 몇 명 있습니까?	니 유 지 거 하오 펑 유 **你有几个好朋友?** (10 이하의 수) Nǐ yǒu jǐ ge hǎo péngyou?
17	당신은 친구가 몇이나 됩니까?	니 유 둬 샤오 거 펑 유 **你有多少个朋友?** (10 이상의 수) Nǐ yǒu duōshao ge péngyou?
18	돈 얼마 가지고 있어요?	니 유 둬 샤오 첸 **你有多少钱?** Nǐ yǒu duōshao qián?
19	이게 뭐죠?	저 스 선 머 **这是什么?** Zhè shì shénme?
20	어떤 기능들을 가지고 있어요?	더우 유 선 머 공 넝 **都有什么功能?** Dōu yǒu shénme gōngnéng?

21 이름이 뭐에요?

니 쟈오 선 머 (밍 즈)
你叫什么(名字)?
Nǐ jiào shénme (míngzi)?

22 여동생 있어요?

니 유 메이메이 마
你有妹妹吗?
Nǐ yǒu mèimei ma?

23 어떤 카드를 가지고 계세요?

니 떠우 유 선 머 카
你都有什么卡?
Nǐ dōu yǒu shénme kǎ?

24 쟤 왜 저래?

타 전 머 러
他怎么了?
Tā zěnme le?

25 그녀는 왜 아직도 안 오죠?

타 전 머 하이 부 라이
她怎么还不来?
Tā zěnme hái bù lái?

26 갈래요?

니 취 부 취
你去不去?
Nǐ qù bu qù?

27 나랑 같이 갈래요?

니 야오 부 야오 건 워 이 치 취
你要不要跟我一起去?
Nǐ yào búyào gēn wǒ yìqǐ qù?

28 커피 드실래요? 차 드실래요?

허 카 페이하이 스 차
喝咖啡还是茶?
Hē kāfēi háishì chá?

29 오늘 회의 했어요?

진 톈 카이후이 러 마
今天开会了吗?
Jīntiān kāi huì le ma?

30 너희 헤어졌니?

니 먼 펀 셔우 러 마
你们分手了吗?
Nǐmen fēn shǒu le ma?

TEST

다음 대화문을 참고로 괄호 안에 들어갈 알맞은
표현을 보기에서 고르세요.

🎧 Track 33

什么 shénme 무엇		谁 shé 누구	

怎么样 zěnmeyàng 어떠한가?(상태를 물음)

几 jǐ 몇   两 liǎng 둘

不 bù 아니다(부정)   多少 duōshao 몇, 얼마

哪里 nǎlǐ 어디   还是 háishì 또는

是 shì ~은 …이다

---

01 **a:** 你学习(　　)?   당신은 무엇을 공부합니까?

b: 我学习汉语。   나는 중국어를 공부합니다.

---

02 **a:** 你吃(　　)?   뭐 드세요?

b: 我吃面。   나는 국수를 먹어요.
(面 miàn 국수)

---

03 **a:** 现在(　)点?   지금 몇 시죠?

b: 八点十分。   여덟 시 십 분입니다.

---

04 **a:** 喝咖啡(　　)茶?   커피 드실래요? 차 드실래요?

b: 我喝茶。   차 마실게요.

---

05 a: 你是(　　)人？　　　　　　　　어디 분이세요?

b: 我是韩国人。　　　　　　　　저는 한국 사람입니다.

06 a: 他是(　)？　　　　　　　　　저 사람은 누구예요?

b: 他是金科长。　　　　　　　　김 과장님이세요.

07 a: 你看(　　)书？　　　　　　　무슨 책 보세요?

b: 我看小说。　　　　　　　　　소설을 봅니다.

08 a: 今天星期(　)？　　　　　　　오늘이 무슨 요일입니까?

b: 星期五。　　　　　　　　　　금요일입니다.

09 a: 你有(　)个弟弟？　　　　　　남동생이 몇이나 있어요?
　　　　　　　　　　　　　　　(弟弟 dìdi 남동생)

b: 我有(　)个弟弟。　　　　　　저는 남동생이 둘 있습니다.

10 a: 你有(　)有车？　　　　　　　차 있으세요?
　　　　　　　　　　　　　　　(车 chē 자동차)

b: 没有车。　　　　　　　　　　차 없어요.

Answer

01 什么 shénme

02 什么 shénme

03 几 jǐ

04 还是 háishì

05 哪里 nǎlǐ

06 谁 shéi

07 什么 shénme

08 几 jǐ

09 几 jǐ, 两 liǎng

10 没 méi

중국의 방언

중국어의 방언은 분류에 따라,

❶ 북경어를 대표하는 표준어 보통화(普通話 pǔtōnghuà)를 포함해

❷ 상하이(上海)시와 장쑤(江蘇)성 등지에서 쓰이는 오(吳)방언

❸ 후난(糊南)성에 분포돼 있는 상(湘)방언

❹ 장시(江西)성에 분포돼 있는 공(贛)방언

❺ 광둥(廣東)성 매이현(梅縣)말을 대표로 하는 객가(客家)방언

❻ 푸젠(福建)성과 하이난(海南)성 일대에서 사용되는 민(閩)방언

❼ 광저우(廣州)말을 대표로 하는 월(粤)방언

등 일곱 가지로 나눌 수 있습니다.

이 중 북경어를 대표하는 표준어 보통화(普通話 pǔtōnghuà)의 경우 사용 인구가 전체 한족(漢族 Hànzú)의 73%을 차지할 정도로 큽니다. 중국의 방언은 방언간의 비슷한 점이 하나도 없어 거의 외국어 수준에 가까워요. 그래서 중국인들끼리 의사소통을 할 때 방언을 사용하면 말이 안 통하는 경우가 많아 표준어인 '보통화(普通話 pǔtōnghuà)'를 가지고 대화합니다.

'중간 말' '보통 말'이 아니에요!
보통화의 뜻 : 普 – 널리 通 – 통하는 話 – 말 로 "널리 사용되라"는 의미를 지님

Day 13

맘 잡고
공부시작!

주요 형용사 완전 정복!

오늘은 주요 형용사에 대해 공부해 보죠. 중국어에 '총명하고 배우기를 좋아 한
다'는 뜻의 형용사 성어 '聪明好学 cōngmíng hàoxué'라는 말이 있습니다. 총
명하고 배우기를 좋아하는 모습으로
형용사 공부 시작해 볼까요?

말라깽이, 뚱뚱보, 느림보
난쟁이 · · · · 니들 중
누가 범인이야?

혁

형용사

🎧 Track 34

형용사 종류

❶ 형상·모양을 나타냄 : 大 dà 크다, 胖 pàng 뚱뚱하다

❷ 성질이나 감정을 나타냄 : 难 nán 어렵다, 诚实 chéngshí 솔직하다

❸ 상태를 나타냄 : 快 kuài 빠르다, 远 yuǎn 멀다

또 〈주어+술어〉에서 술어의 주요 성분이 형용사로 구성되어 있는 문장을 '형용사 술어문'이라고 하는데요, 기본적인 표현 방법은 이렇습니다.

긍정 : 주어 + 很 hěn + 형용사

부정 : 주어 + 不 bù/bú + 형용사

의문 : 주어 + 형용사 + 吗 ma?

　　　 주어 + 怎么样 zěnmeyàng (어떠하다)?

　　　 형용사 + 不 bu + 형용사? 등등

---

01 저 바빠요.

我很忙。
Wǒ hěn máng.

02 바쁘세요?

你忙吗?
Nǐ máng ma?

03 더우세요?

热不热?
Rè bú rè?

04 안 더워요.

不热。
Bú rè.

05 괜찮으세요? / 좋아요?

好不好?
Hǎo bu hǎo?

06 싫어요.

不好。
Bù hǎo.

07 기쁘세요?

니 가오 싱 마
你高兴吗?
Nǐ gāoxìng ma?

08 별로 기쁘지 않아요.

부 타이 가오 싱
不太高兴。
Bútài gāoxìng.

09 운전하는 거 어려워요?

카이 처 난 마
开车难吗?
Kāi chē nán ma?

10 하나도 어렵지 않아요.

이 뗄 예 부 난
一点儿也不难。
Yìdiǎnr yě bù nán.

11 비싸요?

구이 부 구이
贵不贵?
Guì bú guì?

12 조금 비싸요.

유 뗄 구이
有点儿贵。
Yǒudiǎnr guì.

13 이 책 어때요?

저 번 슈 전 머 양
这本书怎么样?
Zhè běn shū zěnmeyang?

14 이 책 아주 좋아요.

저 번 슈 헌 하오
这本书很好。
Zhè běn shū hěn hǎo.

15 내일 날씨 어때요?

밍 텐 텐 치 전 머 양
明天天气怎么样?
Míngtiān tiānqi zěnmeyàng?

16 내일 날씨 좋습니다.

밍 텐 텐 치 헌 하오
明天天气很好。
Míngtiān tiānqì hěn hǎc.

17 저 사람 돈 많아요?

타 첸 둬 부 둬
他钱多不多?
Tā qián duō bu duō?

18	그는 큰돈을 벌었어요.	타 쫜 러 부 샤오 첸 **他赚了不少钱。** Tā zhuàn le bù shǎo qián.
19	난 너무 뚱뚱해.	워 타이 팡 러 **我太胖了。** Wǒ tài pàng le.
20	살 좀 찌워!	팡 뎬 바 **胖点吧!** Pàng diǎn ba!
21	넌 너무 말랐어.	니 타이셔우 러 **你太瘦了。** Nǐ tài shòu le.
22	(칭찬 받았을 때) 아직도 한참 멀었어요.	하이 차 더 헌 위안 너 **还差得很远呢。** Hái chà de hěn yuǎn ne.
23	그분은 연세가 있으세요.	타 녠 지 헌 다 **他年纪很大。** Tā niánjì hěn dà.
24	비가 많이 오네요.	위 헌 다 **雨很大。** Yǔ hěn dà.
25	저는 주량이 셉니다.	워 주 량 헌 다 **我酒量很大。** Wǒ jiǔliàng hěn dà.
26	쟤는 목소리가 너무 커.	타 성 인 타이 다 러 **她声音太大了。** Tā shēngyīn tài dà le.
27	제 (손목)시계가 10분 빨라요.	워 더 뱌오콰이 스 펀 **我的表快十分。** Wǒ de biǎo kuài shí fēn.
28	제 중국어 실력이 빠른 속도로 늘고 있어요.	워 더 중 원 진 부 헌 콰이 **我的中文进步很快。** Wǒ de zhōngwén jìnbù hěn kuài.

TEST

주어진 단어를 참고로 아래 우리말 문장을 중국어로
완성하세요.

01 그녀는 귀엽습니다.　　　她 tā 그녀　可爱 kě'ài 귀엽다

02 얼굴이 크다.　　　　　　脸 liǎn 얼굴　大 dà 크다

03 자동차는 빠르다.　　　　车 chē 자동차　快 kuài 빠르다

04 나는 바쁩니다.　　　　　我 wǒ 나　忙 máng 바쁘다

05 그는 뚱뚱합니다.　　　　他 tā 그　胖 pàng 뚱뚱하다

06 그는 똑똑합니다.　　　　他 tā 그　聪明 cōngming 똑똑하다

07 그는 너무 똑똑합니다.　　太 tài ~了 le 너무 ~하다

08 김치는 맛있습니다.　　　泡菜 pàocài 김치　好吃 hǎochī 맛있다

09 저는 주량이 셉니다.　　　酒量 jiǔliàng 주량　大 dà 세다, 크다

10 비가 많이 오네요.　　　　雨 yǔ 비　大 dà 크다

01 터 헌 커 아이
她很可爱。Tā hěn kě'ài.

02 렌 헌 다
脸很大。Liǎn hěn dà.

03 처 헌 콰이
车很快。Chē hěn kuài.

04 워 헌 망
我很忙。Wǒ hěn máng.

05 타 헌 팡
他很胖。Tā hěn pàng.

06 타 헌 총 밍
他很聪明。Tā hěn cōngming.

07 타 타이 총 밍 러
他太聪明了。Tā tài cōngming le.

08 파오차이 헌 하오 츠
泡菜很好吃。Pàocài hěn hǎochī.

09 워 더 주 량 헌 다
我的酒量很大。Wǒ de jiǔliàng hěn dà.

10 위 헌 다
雨很大。Yǔ hěn dà

색깔의 의미
- - - - - - - - - - - - - - -

❶ 노란색 : 예전에는 황제가 입는 옷에만 노란색이 들어가 고귀함을 상징했지만, 요즘은 야한 것을 표현할 때 '노란색'이란 뜻의 '黄色 huángsè'란 단어가 들어갑니다.

黄色笑话 huángsè xiàhuà 음담패설 (직역 : 노란색의 웃긴 이야기)

黄色书刊 huángsè shūkān 선정적인 출판물

他很黄。Tā hěn huáng. 쟤는 애가 되게 야해요. (야한 성향의 사람)

❷ 빨간색 : 정열적인 빨간색은 중국에서 부와 행운을 상징합니다.

大红人 dàhóngrén 아주 인기 있는 사람

他很红。Tā hěn hóng. 그는 인기 짱이다.

❸ 초록색 : 초록색은 재물을 상징하기도 하지만 중국에서 "남자가 초록색 모자를 쓴다."는 말은 '부인이 바람 난 남편'을 일컫는 말입니다. 이런 말 때문인지 중국 남자들은 절대 모자를 살 때 초록색 모자는 고르지 않는답니다.

他戴绿帽子了。Tā dài lǜ màozi le. 저 사람 마누라 바람났대!

(직역 : 저 사람 초록 모자 썼네!)

Day 14

맘 잡고
공부시작!

인간 네비게이션 : 중국어로 위치 설명하기

벌써 공부시작 14일째입니다. 오늘은 우리가 인간 '네비게이션 导航 dǎoháng' 이 되어 볼까요? '길 묻기 问路 wènlù'를 통해서 위치를 묻고 답하는 연습을 해 보죠. 위치를 설명하려면 존재를 나타내는 동사 '在 zài ~에 있다'와 방향을 나타내는 표현들과 친하게 지내야 해요. 자~ 출발합니다. 出发啦! Chūfā la!

TOILET

2 km

위치 설명

🎧 Track 36

01 말씀 좀 묻겠습니다.
광화문 어떻게 가죠?

칭 원 광 화 먼 쩐 머 쩌우
请问，光化门怎么走？
Qǐngwèn, Guānghuàmén zěnme zǒu?

02 직직하세요.

이 즈 쩌우
(一) 直走。
(Yì) zhí zǒu.

03 바로 옆(맞은편 / 근처)에
있어요.

주 짜이 팡 볜 (두이 몐 푸 진)
就在旁边。(对面 / 附近)
Jiù zài pángbiān. (cuìmiàn / fùjìn)

04 바로 뒤편에 있어요.

주 짜이 허우 볜 (=허우 몐)
就在后边。(=后面)
Jiù zài hòubian. (=hòumian)

05 바로 앞에 있어요.

주 짜이 쳰 볜 (=쳰 몐)
就在前边。(=前面)
Jiù zài qiánbian. (=qiánmian)

06 우회전하면 보일 겁니다.

유 과이 주 다오
右拐就到。
Yòu guǎi jiù dào.

07 여기서 먼가요?

리 쩔 위안 마
离这儿远吗？
Lí zhèr yuǎn ma?

08 걸어가면 5분 걸립니다.

쩌우 루 우 펀 중
走路五分钟。
Zǒu lù wǔ fēnzhōng.

09 밖으로 나가서 좌회전 하세요.

추 취 쭤 과이
出去左拐。
Chūqù zuǒ guǎi.

10 계속 앞으로 가세요.

이 즈 왕 쳰 쩌우
一直往前走。
Yìzhí wǎng qián zǒu.

11 여기서 지하철역까지 멀어요?

충 저 리 다오 디 톄 잔 위안 마
从这里到地铁站远吗？
Cóng zhèlǐ dào dìtiězhan yuǎn ma?

12	사거리에서 우회전 하세요.	짜이 스 즈 루 커우 왕 유 과이 **在十字路口往右拐。** Zài shízìlùkǒu wǎng yòu guǎi.
13	이 일방통행으로(길 따라) 가세요.	쩌우 저 탸오 단 싱 다오 **走这条单行道。** Zǒu zhè tiáo dānxíngdào.
14	끝까지 가서 좌회전 하세요.	쩌우 다오 터우 쭤 과이 **走到头左拐。** Zǒu dào tóu zuǒ guǎi.
15	은행(신호등)이 보이면 우회전 하세요.	칸 젠 인 항 유 과이 (훙 뤼 덩) **看见银行右拐。(红绿灯)** Kànjiàn yínháng yòu guǎi. (hónglǜdēng)
16	두 번째 신호등에서 우회전 하세요.	더 얼 거 훙 뤼 덩 유 과이 **第二个红绿灯右拐。** Dì èr ge hónglǜdēng yòu guǎi.
17	저 앞에 있는 길목에서 우회전 하세요.	짜이 쳰 몐 더 루 커우 유 과이 **在前面的路口右拐。** Zài qiánmiàn de lùkǒu yòu guǎi.
18	왼쪽 깜빡이 켜고 좌회전 하세요.	다 쭤 덩 샹 쭤 과이 **打左灯向左拐。** Dǎ zuǒ dēng xiàng zuǒ guǎi.
19	여기서 조금 멀어요.	리 절 유 뎬 위안 **离这儿有点远。** Lí zhèr yǒudiǎn yuǎn.
20	은행은 이마트 바로 맞은편에 있습니다.	인 항 주 짜이 이 마이 더 더 정 두이 몐 **银行就在易买得的正对面。** Yínháng jiùzài Yìmǎidé de zhèng duìmiàn.
21	찻길 건너 조금만 가다보면 보일 겁니다.	마 루 두이 몐 궈 취 이 뎬 주 다오 러 **马路对面过去一点就到了。** Mǎlù duìmiàn guòqu yìdiǎn jiù dào le.
22	종로3가역에서 환승해야 합니다.	니 데이짜이 중 루 싼 제 잔 환 처 **你得在钟路三街站换车。** Nǐ děi zài Zhōnglù sān jiē zhàn huàn chē.

23	길 건너서 맞은편에서 차 (버스 포함)를 타세요.	궈 마 루 다오두이 몐 갸 쳐 **过马路到对面搭车。** Guò mǎlù dào duìmiàn dā chē.
24	앞으로 백 미터만 가면 도착합니다.	샹 쳰 쩌우이바이 미 주 다오 러 **向前走100米就到了。** Xiàng qián zǒu yì bǎi mǐ jiù dào le.
25	어우! 가까워요. 도보로 십 분밖에 안 걸려요.	오 헌 진 부 싱 즈 쉬 스 펀 중 **哦! 很近，步行只需10分钟。** Ò! Hěn jìn, bùxíng zhǐ xū shí fēnzhōng.
26	걸으면 30분이나 걸려요.	부 싱 야오 싼 스 펀 중 **步行要三十分钟。** Bùxíng yào sānshí fēnzhōng.
27	차로 가면 십분 정도 걸려요.	쭤 쳐 야오 스 펀 중 쭤 유 **坐车要十分钟左右。** Zuò chē yào shí fēnzhōng zuǒyòu.
28	신호등까지 쭉 간 다음 우회전하세요.	이 즈 쩌우다오 훙 뤼 덩 란 허우 유 과이 **一直走到红绿灯然后右拐。** Yìzhí zǒu dào hónglǜdēng ránhòu yòu guǎi.

TEST 앞에서 공부한 내용을 기억하며 괄호 안에 들어갈 알맞은 단어를 적으세요.

🎧 Track **37**

---

01 a: 请问，光化门怎么（　）？ 　　말씀 좀 묻겠습니다.
광화문 어떻게 가죠?

b: 一直（　）。 　　직진하세요.

---

02 a: 请问地铁站在（　　）？ 　　말씀 좀 묻겠습니다.
지하철역이 어디 있나요?

b: 就在（　　）。 　　바로 맞은편에 있어요.

---

03 a: （　）这儿远吗？ 　　여기서 먼가요?

b: 走路五（　　）。 　　걸어가면 5분 걸려요.

---

04 a: （　）这里（　）地铁站远吗？ 　　여기서 지하철역까지 멀어요?

b: 不远。 　　멀지 않아요.

---

05 （　　）就到。 　　우회전하면 보일 겁니다.

---

06 出去（　　）。 　　밖으로 나가서 좌회전하세요.

---

07 一直（　　）走。 　　계속 앞으로 가세요.

---

08 在（　　　）往右拐。 　　사거리에서 우회전하세요.

---

09 在（　　）的路口右拐。 　　저 앞에 있는 길목에서 우회전
하세요.

---

10 很近，（　　）只需10分钟。 　　가까워요. 도보로 십 분밖에 안
걸려요.

01 ^{쩌우} 走 zǒu 걷다

02 ^날 哪儿 nǎr 어디 / ^{두이 몐} 对面 duìmiàn 맞은편

03 ^리 离 lí ~로부터 / ^{펀 중} 分钟 fēnzhōng 분

04 ^충 从 cóng ~부터 / ^{다오} 到 dào ~에 이르다, 도착하다

05 ^{유 과이} 右拐 yòu guǎi 우회전

06 ^{쮜 과이} 左拐 zuǒ guǎi 좌회전

07 ^{왕 첸} 往前 wǎngqián 앞으로 향하다

08 ^{스 즈 루 커우} 十字路口 shízì lùkǒu 사거리

09 ^{첸 몐} 前面 qiánmian = ^{첸 볜} 前边 qiánbian 앞

10 ^{부 싱} 步行 bùxíng 도보로 가다

중국어
말문 떼기

중국에는 성씨가 워낙 많다보니 제대로 설명하지 않으면 다른 성씨로 착각할 수도 있습니다. 이 때문에 중국에서는 성씨를 말할 때 다음과 같이 표현하는 경우가 많습니다. 바로 한자의 조합과 순서대로 설명하는 것이죠.

A : 您贵姓? Nín guì xìng? 성함이 어떻게 되세요?

B : 我姓王。三横王。 Wǒ xìng wáng. Sān héng Wáng. 저는 왕가입니다. 가로 세 줄 '왕(王)'자죠.

이처럼 자신의 성씨를 소개하는 방법은 중국인들 사이에서 널리 사용되고 있습니다. 글자의 모양대로 성씨를 설명하는 방법을 조금 더 볼까요?

이씨 : '목'자와 '자'자를 씁니다. 木子李 mù zǐ Lǐ

진씨 : 귀'이'와 '동'자를 씁니다. 耳东陈 ěr dōng Chén

정씨 : '관'자와 귀'이'자를 씁니다. 关耳郑 guān ěr Zhèng

유씨 : '문'자와 '도'자를 씁니다. 文刀刘 wén dāo Liú

임씨 : '목'자가 두 개인 임씨입니다. 双木林 shuāng mù Lín

오씨 : 입'구'자와 하늘'천'자를 씁니다. 口天吴 kǒu tiān Wú

장씨 : '궁'자와 '장'자를 씁니다. 弓长张 gōng cháng Zhāng

여씨 : 입'구'자가 두 개인 '여'자입니다. 双口吕 shuāng mù Lǚ

강씨 : '양'과 '여'자를 쓰는 '강'씨입니다. 羊女姜 yáng nǚ Jiāng

Day 15

맘 잡고
공부시작!

편하게 말해요!

벌써 공부시작 보름째. 오늘은 '~을 좀 하다'의 뜻을 가진 동사의 중첩 등 편안한 어감의 표현들을 공부해 보도록 합니다. 앞서 DAY 02와 DAY 10에서 동사를 다룬데 이어 이번이 벌써 세 번째, 비중 있게 다룬 만큼 동사가 중국어를 할 때 얼마나 중요한지 아시겠지요? "자신감만 있으면 사람은 영원히 좌절과 실패를 하지 않을 것이다." "只要有信心, 人永远不会挫败。 Zhǐ yào yǒu xìnxīn, rén yǒngyuǎn búhuì cuòbài."
중국어 공부하실 때도 자신을 가지고 도전하시기 바랍니다.

동사 중첩

🎧 Track 38

표현방법 : 단음절 동사는 동사 + 동사 or 동사 + 一 + 동사로
AB형의 2음절 동사는 ABAB 형식으로 중첩합니다.
단, 존재나 심리 등을 나타내는 동사는 중첩이 안돼요!

01 잠시 만요!

칭 덩 덩
请等等!
Qǐng děngdeng!

02 잠깐만!

덩 이 덩
等一等!
Děng yi děng!

03 맛 좀 보세요.

창 이 창
尝一尝。
Cháng yi cháng.

04 좀 앉으세요.

쭤 이 쭤
坐一坐。
Zuò yi zuò.

05 좀 앉아서 커피 한 잔 합시다.
(or 하세요!)

쭤 이 쭤　　히 베이 카 페이 바
坐一坐, 喝杯咖啡吧。
Zuò yi zuò, hē bēi kāfēi ba.
바
(吧 ba : 제안이나 부드러운 명령)

06 당신이랑 얘기를 좀 하고
싶어요.

워 샹 건 니 숴 숴 화
我想跟你说说话。
Wǒ xiǎng gēn nǐ shuōshuo huà.

07 좀 도와주세요!

방 방 망
帮帮忙!
Bāngbang máng!

08 내가 능력이 되는지
확인하고 싶어.

워 샹 칸 칸 쯔 지 싱 부 싱
我想看看自己行不行。
Wǒ xiǎng kànkan zìjǐ xíng bu xíng.
쯔 지　　싱
(自己 zìjǐ 자신　行 xíng 실행하다)

09	(상대방에게) 한 번 생각해 보세요!	니 샹 샹 칸 **你想想看!** Nǐ xiǎngxiang kàn¹
10	가서 한 번 생각해 보세요.	니 후이 취 샹 샹 바 **你回去想想吧。** Nǐ huíqù xiǎngxiang ba.
11	차후에 다시 논의를 좀 합시다.	워 먼 짜이 샹 량 샹 량 **我们再商量商量。** Wǒmen zài shāngliang shāngliang.
12	나가서 산책을 좀 하고 (공을 좀 치고) 싶어요.	워 샹 추 취 싼 싼 부 (다 다 추) **我想出去散散步。(打打球)** Wǒ xiǎng chūqù sànsan bu. (dǎda qiú)
13	저는 우울할 때 여기저기 좀 걸어 다녀요.	워 위 먼 스 다오 추 쩌우쩌우 **我郁闷时到处走走。** Wǒ yùmèn shí dàochù zǒuzou.
14	다시 한 번 고려를 좀 해 주세요. 네?	니 짜이카오 뤼 카오 뤼 하오 부 하오 **你再考虑考虑，好不好？** Nǐ zài kǎolǜ kǎolǜ, hǎo bu hǎo?

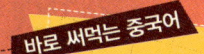

솔직한 감정 표현

🎧 Track 39

'喜欢+동사'로만 말하면 자신의 솔직한 감정을 표현할 수 있어요.

01 난 노래 부르는 거 정말 좋아해요.

워 헌 시 환 창 거
我很喜欢唱歌。
Wǒ hěn xǐhuan chàng gē.

02 난 당신이 너무 좋아요.

워 헌 시 환 니
我很喜欢你。
Wǒ hěn xǐhuan nǐ.

03 난 당신이랑 얘기하는 게 너무 좋아요!

워 헌 시 환 건 니 랴오 톈
我很喜欢跟你聊天!
Wǒ hěn xǐhuan gēn nǐ liáotiān!

04 나는 축구 보는 거 정말 좋아해요.

워 헌 시 환 칸 쭈 추
我很喜欢看足球。
Wǒ hěn xǐhuan kàn zúqiú.

05 나는 모험하는 거 좋아해요.

워 헌 시 환 마오 셴
我很喜欢冒险。
Wǒ hěn xǐhuan màoxiǎn.

06 나는 농구하는 거 (테니스하는 거) 좋아해요.

워 헌 시 환 다 란 추　　(다 왕 추)
我很喜欢打篮球。(打网球)
Wǒ hěn xǐhuan dǎ lánqiú. (dǎ wǎngqiú)

07 나는 치마를 아주 즐겨 입어요.

워 헌 시 환 촨 췬 쯔
我很喜欢穿裙子。
Wǒ hěn xǐhuan chuān qúnzi.

08 나는 피카소의 그림을 아주 좋아합니다.

워 헌 시 환 비 쟈 쒀 더 화
我很喜欢毕加索的画。
Wǒ hěn xǐhuan Bìjiāsuǒ de huà.

09 나는 기타 치는 걸 좋아합니다.

워 헌 시 환 탄 지 타
我很喜欢弹吉他。
Wǒ hěn xǐhua tán jítā.

10 그는 자신의 일을 정말 즐깁니다.

타 헌 시 환 쯔 지 더 궁 쭤
他很喜欢自己的工作。
Tā hěn xǐhuan zìjǐ de gōngzuò.

11	당신이 정말 좋아한다는 게 느껴져요.	칸 더 추 니 헌 시 환 **看得出你很喜欢。** Kàn de chū nǐ hěn xǐhuan.
12	제 동료는 음악 듣는 거 굉장히 좋아해요.	워 더 퉁 스 헌 시 환 팅 인 웨 **我的同事很喜欢听音乐。** Wǒ de tóngshì hěn xǐhuan tīng yīnyuè.
13	난 내가 디자인(설계)을 좋아한다는 걸 알게 됐어요.	워 파 셴 쯔 지 헌 시 환 서 지 **我发现自己很喜欢设计。** Wǒ fāxiàn zìjǐ hěn xǐhuan shèjì. 파 셴 서 지 (**发现** fāxiàn 발견하다 **设计** shèjì 디자인, 설계)

TEST

다음에 나오는 동사를 중첩형으로 만들어 보세요.
힌트 : 단음절 동사와 2음절 동사의 중첩 표현법에 주의하세요.

01 看 kàn   보다

02 吃 chī   먹다

03 穿 chuān   입다

04 坐 zuò   앉다

05 散步 sàn bù   산책하다

打球 dǎ qiú   공놀이를 하다

点头 diǎn tóu   고개를 끄덕이다
(05는 동사 + 목적어의 형태임)

06 考虑 kǎolù   고려하다

研究 yánjiù   연구하다

讨论 tǎolùn   토론하다
(06은 2음절 동사)

01 칸 칸
看看 kànkan / 칸 이 칸
看一看 kàn yi kàn

02 츠 츠
吃吃 chīchī / 츠 이 츠
吃一吃 chī yi chī

03 촨 촨
穿穿 chuānchuan / 촨 이 촨
穿一穿 chuān yi chuān

04 쭤 쭤
坐坐 zuòzuo / 쭤 이 쭤
坐一坐 zuò yi zuò

05 싼 싼 부
散散步 sànsan bù

다 다 츄
打打球 dǎda qiú

뎬 뎬 터우
点点头 diǎndian tóu

06 카오 뤼 카오 뤼
考虑考虑 kǎolü kǎolü

옌 주 옌 주
研究研究 yánjiu yánjiu

타오 룬 타오 룬
讨论讨论 tǎolun tǎolun

짧지만 임팩트 있는 촌철살인 중국어 한마디

❶ 우쭐거리다(사전적 의미), 꼴값을 떨다

臭美! Chòuměi!
_{처우메이}

❷ 됐고! (대꾸하기 귀찮거나 더 이상 잘잘못을 따지기 싫을 때)

算了! Suàn le!
_{쏸 러}

a : 我要看看经济新闻。Wǒ yào kànkan jīngjì xīnwén.
_{워 야오 칸 칸 징 지 신 원}

　　(우쭐거리며) 난 경제면 기사 좀 봐야겠어!

b : 臭美! Chòuměi! 잘난 척 하기는! (꼴값을 떨어요!)
_{처우메이}

Day 16

맘 잡고
공부시작!

완전 좋아!

벌써 공부시작 16일째에 접어들었습니다. 와우~ 벌써 이만큼 달려왔습니다.
"정말 대단하세요. 스스로 대견하다고 머리를 쓰다듬어야 할 것 같아요." 오늘
은 다양한 형용사 표현에 대해 알아봅니다. '짐승돌'은 猛男 měngnán! (직역 :
맹수같은 남자) '식스팩'은 六块腹肌 liùkuài fùjī! (직역 : 여섯 조각 배 근육)
형용사는 이미 DAY 13에서 다루었지만 오늘은 약간 '업그레이드 提高档次
tígāo dǎngcì'된 형용사에 대해 알아봅니다. AA(儿) 또는 AABB와 같이 중첩할
수도 있어요. 慢慢儿 mànmār (천천히), 漂漂亮亮 piàopiao liāngliāng (예쁘다)

형용사 업그레이드

🎧 Track **41**

01 너 참 멍청하다!

니 전 번
你真笨!
Nǐ zhēn bèn!

02 나는 손이 둔해요.

워 더 셔우 헌 번
我的手很笨。
Wǒ de shǒu hěn bèn.

03 상황이 그렇게 나쁜 편은 아니에요.

칭 쾅 부 쏸 타이화이
情况不算太坏。
Qíngkuàng búsuàn tài huài.

04 당신은 좋은 남자, 나는 나쁜 여자예요.

니 스 하오 난 런   워 스 화이 뉘 런
你是好男人, 我是坏女人。
Nǐ shì hǎo nánrén, wǒ shì huài nǚrén.

05 어서 가세요!

(니) 콰이 쩌우
(你)快走!
(Nǐ) kuài zǒu!

06 천천히 말씀하세요!

만 만 (더) 쉬
慢慢(地)说!
Mànmān (de) shuō!

07 너 공부 열심히 해야 된다!

니 야오 하오 하오 (더) 쉐 시
你要好好(地)学习。
Nǐ yào hǎohāo (de) xuéxí.

08 그는 빨간 티셔츠를 즐겨 입어요.

타 아이 촨 훙   쉬 산
他爱穿红T恤衫。
Tā ài chuān hóng T xùshān.

09 그는 중국에서 아주 인기 있어요.

타 짜이 중 궈 헌 훙
他在中国很红。
Tā zài Zhōngguó hěn hóng.

10 진도 빠른데!

진 두 헌 콰이
进度很快!
Jìndù hěn kuài!

11 사업이 참 잘되요.

성 이 헌 부 춰
生意很不错。
Shēngyì hěn búcuò.

12	(당신) 굉장히 프로페셔널해 보여요!	니 페이 창 좐 예 **你非常专业!** Nǐ fēicháng zhuānyè!
13	나는 근육 있는 남자가 좋아요.	워 신 상 유 지 러우 더 난 런 **我欣赏有肌肉的男人。** Wǒ xīnshǎng yǒu jīròu de nánrén. 유 지 러우 (有肌肉 : '근육이 있다'르 동사+목적어 구조이지만, 형용사처럼 명사 수식 가능.)
14	정말 예쁘게 꾸몄다.	다 반 더 퍄오퍄오 량 량 더 **打扮得漂漂亮亮的。** Dǎbàn de piàopiao liāngliāng de.

형용사로 말해요!

🎧 Track 42

01 정말 아름다우세요!
니 하오메이 (오)
你好美(哦)!
Nǐ hǎo měi(o)!

02 정말 예뻐요!
(멋지다! – 남성에게)
니 전 퍄오 량 (솨이)
你真漂亮! (帅)
Nǐ zhēn piàoliang! (shuài)

03 쟤 왜 저렇게 귀엽냐!
타 쩐 머 나 머 커 아이 야
她怎么那么可爱啊!
Tā zěnme nàme kě'ai a!

04 (당신은) 정말 재능이 있어요!
니 헌 유 톈 푸
你很有天赋!
Nǐ hěn yǒu tiānfù!

05 (당신은) 정말 안목 있으세요!
니 헌 유 핀 웨이
你很有品位!
Nǐ hěn yǒu pǐnwèi!

06 (당신은) 언변이 참 좋으세요!
니 커우차이 헌 하오 (= 헌 유 커우차이)
你口才很好! (=很有口才)
Nǐ kǒucái hěn hǎo! (hěn yǒu kǒucái)

07 우리 죽이 잘 맞네요!
(의기투합이 되다)
워 먼 헌 터우위안
我们很投缘!
Wǒmen hěn tóuyuán!

08 오늘 진짜 끝내주는데요!
(외모 칭찬)
니 진 톈 칸 상 취 헌 방
你今天看上去很棒!
Nǐ jīntiān kàn shàngqù hěn bàng!

09 느낌이 괜찮아!
간 줴 만 부 춰 더
感觉蛮不错的!
Gǎnjué mán bú cuò de!

10 그녀는 정말 대단한 미녀예요!
타 스 거 다 메이 뉘
她是个大美女!
Tā shì ge dà měinǚ!

11 완전 천상의 커플이구만!
전 스 톈 성 이 두이
真是天生一对!
Zhēn shì tiānshēng yí duì!

28일

TEST

우리말과 본문을 참고로 괄호 안에 들어갈 형용사를 적으세요.

🎧 Track 43

01 你真(　)!　　　　　　　　　너 참 멍청하다!

02 情况不算太(　)。　　　　　상황이 그렇게 나쁜 편은 아니에요.

03 (　)走!　　　　　　　　　　어서 가세요

04 (　　)说!　　　　　　　　　천천히 말씀하세요!

05 你要(　　)学习!　　　　　너 공부 열심히 해야 된다!

06 他爱穿(　)T恤衫。　　　　그는 빨간 티셔츠를 즐겨 입어요.

07 你非常(　　)!　　　　　　(당신) 굉장히 프로페셔널해 보여요!

08 生意很(　　)。　　　　　　사업이 잘 되요.

09 他在韩国很(　)。　　　　　그는 한국에서 아주 인기 있어요.

10 你真(　　)!　　　　　　　　정말 예뻐요!

Answer

01 <ruby>笨<rt>번</rt></ruby> bèn

02 <ruby>坏<rt>화이</rt></ruby> huài

03 <ruby>快<rt>콰이</rt></ruby> kuài

04 <ruby>慢慢<rt>만 만</rt></ruby> mànmān

05 <ruby>好好<rt>하오하오</rt></ruby> hǎohāo

06 <ruby>红<rt>훙</rt></ruby> hóng

07 <ruby>专业<rt>좐 예</rt></ruby> zhuānyè

08 <ruby>不错<rt>부 춰</rt></ruby> búcuò

09 <ruby>红<rt>훙</rt></ruby> hóng

10 <ruby>漂亮<rt>파오 량</rt></ruby> piàoliang

'간지 나다'가 중국어로 뭐게요?

우리나라에도 있고 중국에도 있는 유행어 몇 가지 알아봅니다.

有型 (유 싱) yǒuxíng : (어떤 사물이) 스타일리쉬(Stylish)하다, 잘생기고 매력 있는 남자를
일컬음.

超有型! (차오 유 싱) Chāo yǒuxíng! 완전 스타일리쉬해!

这牛仔裤很有型。 (저 뉴 짜이 쿠 헌 유 싱) Zhè niúzǎikù hěn yǒuxíng! 이 청바지 아주 스타일리쉬 하네!

有范儿 (유 팔) yǒufànr : 간지난다

很有泛儿! (헌 유 팔) Hěn yǒu fànr! 진짜 간지난다!

Day 17

맘 잡고
공부시작!

~하는 중입니다.

벌써 공부시작 17일째! 이렇게 끈기 있게 지속하다니 "**你真的很不错** Nǐ zhēn
de hěn bú cuò (당신은 정말 괜찮은 사람입니다. / 당신은 정말 훌륭한 사람이
에요.)" 오늘은 '~을 하는 중이다'와 같이 동사의 진행 표현을 공부해 보기로
해요. 동사의 진행형을 만들려면 주어 + 부사 (**正在** zhèngzài, **正** zhèng, **在** zài)
+ 동사 (+ 목적어) + (**呢** ne)로 표현해요.

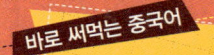

동작의 진행

🎧 Track 44

01 지금 뭐해?
니 짜이 쭤 선 머
你在做什么?
Nǐ zài zuò shénme?

02 옷 갈아입어요.(목욕해요)
워 짜이 환 이 푸 (시 짜오)
我在换衣服。(洗澡)
Wǒ zài huàn yīfu. (xǐ zǎo)

03 지금 거신 번호는 통화중입니다.
(안내멘트)
닌 보 다 더 뎬 화 정 짜이 통 화 중
您拨打的电话正在通话中。
Nín bōdǎ de diànhuà zhèngzài tōnghuà zhōng.

04 진행 중입니다!
정 짜이 진 싱 중
正在进行中!
Zhèngzài jìnxíng zhōng!

05 나는 《서유기》를 읽고 있는
중이야.
워 짜이 칸 시 유 지
我在看《西游记》。
Wǒ zài kàn <Xīyóujì>.

06 나는 리포트를 작성중입니다.
워 짜이 셰 바오가오
我在写报告。
Wǒ zài xiě bàogaò.

07 나는 중국어를 공부하고 있는
중입니다.
워 짜이 쉐 시 중 원 너
我在学习中文呢。
Wǒ zài xuéxí zhōngwén ne.

08 그들은 회의 중입니다.
타 먼 짜이 카이 후이
他们在开会。
Tāmen zài kāi huì.

09 누가 지금 노래를 부르지?
쉐이 짜이 창 거 너
谁在唱歌呢?
Shéi zài chàng gē ne?

10 제품을 처리중입니다.
정 짜이 추 리 찬 핀
正在处理产品。
Zhèngzài chǔlǐ chǎnpǐn.

11 나는 게임파일을
다운로드중입니다.
워 정 짜이 샤 짜이 유 시 원 젠
我正在下载游戏文件。
Wǒ zhèngzài xiàzǎi yóuxì wénjiàn.

동작 · 상태의 지속 동사+着 zhe

🎧 Track 45

01 밖에 가랑비가 내려요.

와이 몐 샤 저 마오마오 시 위
外面下着毛毛细雨。
Wàimian xiàzhe máomáo xì yǔ.

02 보기에는 쉬워도 하기는 어려워요.

칸 저 졘 단 쭤 저 난
看着简单, 做着难。
Kànzhe jiǎndān, zuòzhe nán.

03 이거 장난 아닌데!

저 커 부 스 나오저 왈 더
这可不是闹着玩儿的!
Zhè kě búshì nàozhe wánr de!

04 뒤차가 계속 상향등을 켜고 달리네.

허우 몐 더 처 이 즈 카이 저 위안 광 덩
后面的车一直开着远光灯。
Hòumian de chē yìzhí kāizhe yuǎnguāngdēng.

05 우리 집 안에 세계지도가 한 장 걸려 있어요.

워 쟈 리 과 저 이 푸 스 졔 디 투
我家里挂着一幅世界地图。
Wǒ jiā li guàzhe yì fú shìjiè tìdú.

06 그녀의 얼굴에는 항상 미소가 걸려 있어요.

타 롄 상 종 스 과 저 샤오 룽
她脸上总是挂着笑容。
Tā liǎn shang zǒngshi guàzhe xiàoróng.

07 이 의자 앉으니까 진짜 편하다!

저 이 쯔 쭤 저 헌 슈 푸
这椅子坐着很舒服!
Zhè yǐzi zuòzhe hěn shūfu!

08 앉아 있으려니 미치겠어요.

쭤 저 헌 난 서우
坐着很难受。
Zuòzhe hěn nánshòu.
난 서우
(**难受** nánshòu 괴롭다)

09 저 사람은 부모님이 선보(결혼하)라고 난리예요.

타 베이 푸 무 비 저 샹 친　(졔 훈)
他被父母逼着相亲。(结婚)
Tā bèi fùmǔ bīzhe xiāngqīn. (jié hūn)
베이　　　　　비
(**被** bèi ~에 의해 **逼** bī 다그치다)

10 애를 억지로 공부시키지 마세요.

부 야오 비 저 하이 쯔 쉐 시
不要逼着孩子学习。
Bú yào bīzhe háizi xuéxí.

11	문을 연 채로 에어컨을 켜면 벌금형이에요.	카이 저 먼 카이 쿵 탸오베이 파 콴 **开着门开空调被罚款。** Kāizhe mén kāi kōngtiáo bèi fá kuǎn.
12	에어컨을 켠 채로 차에서 자면 위험해요.	카이 저 쿵 탸오짜이 처 리 쉐이쟈오 헌 웨이 셴 **开着空调在车里睡觉很危险。** Kāizhe kōngtiáo zài chē li shuì jiào hěn wēixiǎn.
13	감사하는 마음을 안고 생활을 마주하라!	화이 저 이 커 간 언 즈 신 두이다이 성 훠 **怀着一颗感恩之心对待生活。** Huáizhe yi kē gǎn'ēn zhīxīn duìdài shēnghuó. 간 언 즈 신 (**感恩之心** gǎn'ēn zhīxīn 감사하는 마음 두이다이 **对待** duìdài 마주하다)

TEST

우리말을 참고로 진행 표현을 만들어 보세요.

🎧 Track 46

01 你(　　)做什么？　　　　지금 뭐해?

02 (　　)进行中!　　　　진행 중입니다!

03 我(　　)洗澡。　　　　목욕중이에요.

04 外面下(　)毛毛细雨。　　밖에 가랑비가 내려요.

05 我(　　)写报告。　　　　나는 리포트를 작성중입니다.

06 看(　)简单做(　)难。　　보기에는 쉬워도 하기는 어려워요.

07 我(　　)学习中文(　)。　나는 중국어를 공부하고 있는 중입니다.

08 这椅子坐(　)很舒服!　　이 의자 앉으니까 진짜 편하다!

09 他(　)父母逼(　)相亲。　저 사람은 부모님이 선보라고 난리예요.

10 我(　　)下载游戏文件。　나는 게임파일을 다운로드중입니다.

Answer

01 正在 <ruby>正<rt>정</rt></ruby> <ruby>在<rt>짜이</rt></ruby> zhèngzài, 在 <ruby>在<rt>짜이</rt></ruby> zài, 正 <ruby>正<rt>정</rt></ruby> zhèng

02 正在 <ruby>正<rt>정</rt></ruby> <ruby>在<rt>짜이</rt></ruby> zhèngzài, 在 <ruby>在<rt>짜이</rt></ruby> zài, 正 <ruby>正<rt>정</rt></ruby> zhèng

03 正在 <ruby>正<rt>정</rt></ruby> <ruby>在<rt>짜이</rt></ruby> zhèngzài, 在 <ruby>在<rt>짜이</rt></ruby> zài, 正 <ruby>正<rt>정</rt></ruby> zhèng

04 着 <ruby>着<rt>저</rt></ruby> zhe

05 正在 <ruby>正<rt>정</rt></ruby> <ruby>在<rt>짜이</rt></ruby> zhèngzài, 在 <ruby>在<rt>짜이</rt></ruby> zài, 正 <ruby>正<rt>정</rt></ruby> zhèng

06 着 <ruby>着<rt>저</rt></ruby> zhe

07 正在 <ruby>正<rt>정</rt></ruby> <ruby>在<rt>짜이</rt></ruby> zhèngzài, 在 <ruby>在<rt>짜이</rt></ruby> zài, 正 <ruby>正<rt>정</rt></ruby> zhèng / 呢 <ruby>呢<rt>너</rt></ruby> ne

08 着 <ruby>着<rt>저</rt></ruby> zhe

09 被 <ruby>被<rt>베이</rt></ruby> bèi / 着 <ruby>着<rt>저</rt></ruby> zhe

10 正在 <ruby>正<rt>정</rt></ruby> <ruby>在<rt>짜이</rt></ruby> zhèngzài, 在 <ruby>在<rt>짜이</rt></ruby> zài, 正 <ruby>正<rt>정</rt></ruby> zhèng

같은 단어 다른 느낌!!

收拾 ^{서우 스} shōushi 정리하다, 정돈하다

예 : 收拾屋子 ^{서우 스 우 즈} shōushi wūzi 방을 정리하다

(구어) 벌을 주다, 혼내다

예 : 收拾他! ^{서우 스 타} shōushi tā 쟤 손 좀 봐!

^{니 슈 쉐 더 러 얼 스 펀}
a : 你数学得了二十分。Nǐ shùxué dé le èrshí fēn. 너 수학 20점 맞았네.

^{니 빠 바 데이서우 스 니 러 바}
你爸爸得收拾你了吧? Nǐ bàba děi shōushi nǐ le ba? 아빠한테 혼나겠는걸?

^{서우 스}
b : 收拾? Shōushi? 혼이라고?

^{저 더우 스 타 쭤 더}
这都是他做的。Zhè dōushì tā zuò de. 다 아빠가 푼 건데.

Day
18

맘 잡고
공부시작!

~해 본 적 있어요.

오늘은 '~해 본 적 있어요. (경험)', '곧 ~해요. (임박)', '~했어요. (완료)'의 표현들을 알아봅니다. 자! 그럼 시작합니다.

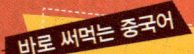

경험과 임박형

표현방법

경험 : 동사 + 过 guo (+ 목적어) (~해본 적 있다)

　　 부정은 没 (有) méi (yǒu) + 동사 + 过 guo (+ 목적어)

임박 : 要 yào + 동사 + 了 le (곧 ~할 것이다)

DAY 10에서 배운 완료 기본형 외에 수량이나 명사를 꾸며주는 한정어가 오는 경우

완료 : 주어 + 동사 + 了 le + 수량사 수식어 + 목적어

주의! 완료의 부정형은 주어 + 没 (有) + 동사 + 목적어로 了를 생략함.

---

01 나는 프랑스(영국)에 가봤습니다.

我去过法国。(英国)
Wǒ qù guo Fǎguó. (Yīngguó)

---

02 나는 스페인에 가본 적이 없어요.

我没去过西班牙。
Wǒ méi qù guo Xībānyá.

---

03 나 걔랑 사귄 적 없어!

我没有和他交往过。
Wǒ méiyǒu hé tā jiāowǎng guo.

---

04 전혀 (전해) 들은바 없습니다.

倒是没听说过。
Dàoshì méi tīng shuō guo.

---

05 쟤 결혼한다는 얘기 들은 적 없는데.

我没听过他要结婚。
Wǒ méi tīng guo tā yào jié hūn.

---

06 나 한 번도 얼굴에 칼 댄 적 없어요. (성형수술 경험 없음)

我从来没有整过容。
Wǒ cónglái méiyǒu zhěng guo róng.

---

07 쟤 아마 성형수술 안 했을걸.

她应该是没有整过容。
Tā yīnggāi shì méiyǒu zhěng guo róng.

---

08 특이한 사항은 발생한 적 없습니다.

没出现过异常。
Méi chūxiàn guo yìcháng.

09 나는 비행기를 타 본 적이 없어요.

워 메이 유 쭤 궈 페이 지
我没有坐过飞机。
Wǒ méiyǒu zuò guo fēijī.

10 저 퇴근합니다.

워 야오 샤 반 러
我要下班了。
Wǒ yào xià bān le.

11 그는 곧 퇴직합니다.

타 야오투이 슈 러
他要退休了。
Tā yào tuìxiū le.

12 곧 방학(결혼)이다.

야오 팡 자 러   (졔 훈)
要放假了。(结婚)
Yào fàng jià le. (jié hūn)

13 방금 점심을 먹어서 졸리네. (동작의 완료)

강 츠 궈 우 판 헌 쿤
刚吃过午饭很困。
Gāng chī guo wǔfàn hěn kùn.

14 이제 겨우 12시인데 점심 드셨어요? (동작의 완료)

셴 짜이차이스얼 뎬   니 츠 궈 우 판 마
现在才12点! 你吃过午饭吗?
Xiànzài cái shí'èr diǎn! Nǐ chī guo wǔfàn ma?

완료형 업그레이드

🎧 Track 48

01 나는 신발을 두 켤레 샀어요.

워 마이 러 량 솽 셰
我买了两双鞋。
Wǒ mǎi le liǎng shuāng xié.

02 한꺼번에 두 개를 샀어요.

이 샤 즈 마이 러 량 거
一下子买了两个。
Yíxiàzi mǎi le liǎng ge.

03 어제 양주를 한 병(한 병 반) 마셨어요.

쭤 톈 허 러 이 핑 양 주   (이 핑 반)
昨天喝了一瓶洋酒。(一瓶半)
Zuótiān hē le yì píng yángjiǔ. (yì píng bàn)

04 그는 포경수술(맹장수술)을 했어요.

타 쭤 러 바오 피 셔우 슈   (망 창 셔우 슈)
他做了包皮手术。(盲肠手术)
Tā zuò le bāopí shǒushù. (mángcháng shǒushù)

05 내가 걔 사진 몇 장 찍어줬어.

워 게이 타 자오 러 지 장 샹
我给他照了几张相。
Wǒ gěi tā zhào le jǐ zhāng xiàng.
게이
(给 gěi ~에게)

06 핸드폰으로 사진을 몇 장 찍었어요.

융 셔우 지 자오 러 지 장 샹
用手机照了几张相。
Yòng shǒujī zhào le jǐ zhāng xiàng.

07 나는 꿈을 하나 꾸었어요.

워 쭤 러 이 거 멍
我做了一个梦。
Wǒ zuò le yí ge mèng.

08 내가 정말 멍청한 짓을 했어요. 후회 되요!

워 쭤 러 이 젠 춘 스   하오 허우 후이
我做了一件蠢事。好后悔!
Wǒ zuò le yí jiàn chǔnshì. Hǎo hòuhuǐ!

09 옷을 몇 벌 샀어요.

워 마이 러 지 젠 이 푸
我买了几件衣服。
Wǒ mǎi le jǐ jiàn yīfu.

10 인터넷에서 옷을 몇 벌 샀어요.

워 짜이 왕 상 마이 러 지 젠 이 푸
我在网上买了几件衣服。
Wǒ zài wǎngshang mǎi le jǐ jiàn yīfu.

11 날씨가 풀려서 옷을 몇 벌 샀어요.

톈 난 러 워 마이 러 지 졘 이 푸
天暖了, 我买了几件衣服。
Tiān nuǎn le, wǒ mǎi le jǐ jiàn yīfu.

12 어머니께 옷을 몇 벌 사드렸어요.

워 게이 마 마 마이 러 즈 졘 이 푸
我给妈妈买了几件衣服。
Wǒ gěi māma mǎi le jǐ jiàn yīfu.

13 환불했는데 물건을 우편으로 보내 왔어요. 어쩌죠?

투이 러 콴   상 핀 유 라이 러   전 머 반
退了款, 商品邮来了, 怎么办?
Tuì le kuǎn, shāngpǐn yóu lái le, zěnmebàn?

14 나는 일과 30년 연애했습니다.

워 건 궁 쮜 탄 러 산 스 녠 롄 아이
我跟工作谈了三十年恋爱。
Wǒ gēn gōngzuò tán le sānshí nián liàn'ài.

TEST

우리말과 본문을 참고로 괄호 안에 들어갈 단어를 적으세요.

🎧 Track 49

01 我(　　)英国。　　　　나는 영국에 가 본 적 있습니다.

02 我(　　　)法国。　　　　나는 프랑스에 가본 적이 없어요.

03 我没有和他(　　　)!　　나 개랑 사귄 적 없어!

04 倒是没(　　　)。　　　　전혀 전해 들은바 없습니다.

05 我没有(　　)飞机。　　　나는 비행기를 타 본적이 없어요.

06 他(　)退休(　)。　　　그는 곧 퇴직합니다.

07 刚吃(　)午饭很困。　　방금 점심을 먹어서 졸리네.

08 我(　　　)买了几件衣服。　인터넷에서 옷을 몇 벌 샀어요.

09 一下子买了(　　　)。　　한꺼번에 두 개를 샀어요.

10 用手机(　)了几张(　)。　핸드폰으로 사진을 몇 장 찍었어요.

Answer

01 <ruby>去<rt>취</rt></ruby><ruby>过<rt>궈</rt></ruby> qù guo

02 <ruby>没<rt>메이</rt></ruby><ruby>去<rt>취</rt></ruby><ruby>过<rt>궈</rt></ruby> méi qù guo

03 <ruby>交<rt>쟈오</rt></ruby><ruby>往<rt>왕</rt></ruby><ruby>过<rt>궈</rt></ruby> jiāowǎng guo

04 <ruby>听<rt>팅</rt></ruby><ruby>说<rt>숴</rt></ruby><ruby>过<rt>궈</rt></ruby> tīngshuō guo

05 <ruby>坐<rt>쮜</rt></ruby><ruby>过<rt>궈</rt></ruby> zuò guo

06 <ruby>要<rt>야오</rt></ruby> yào / <ruby>了<rt>러</rt></ruby> le

07 <ruby>过<rt>궈</rt></ruby> guo

08 <ruby>在<rt>짜이</rt></ruby><ruby>网<rt>왕</rt></ruby><ruby>上<rt>상</rt></ruby> zài wǎng shang

09 <ruby>两<rt>량</rt></ruby><ruby>个<rt>거</rt></ruby> liǎng ge

10 <ruby>照<rt>쟈오</rt></ruby> zhào / <ruby>相<rt>샹</rt></ruby> xiàng

중국어 말문 떼기

중국에서 이러시면 안 됩니다.

이런 선물은 노노노!!!

❶ 배(과일) 梨 lí

'배'의 중국어 발음이 '离 lí (헤어지다)'와 같아서

❷ 우산 伞 sǎn

이 글자도 발음이 '散 sàn (헤어지다)'과 같아서

❸ 괘종시계 钟 zhōng

'괘종시계를 선물하다'는 중국어로 送 sòng 선물하다 + 钟 zhōng 괘종시계가 되는데요, 이때 발음이 '임종을 지키다, 장례를 치르다'의 뜻인 '送终 sòngzhōng'과 같기 때문이에요. 그러나 손목시계는 '表 biǎo'로 전혀 상관없이 선물 할 수 있고요, 비싼 것일수록 좋아요.

❹ 부채 扇子 shànzi

이것도 앞에 나온 伞 sǎn처럼 발음이 '散 sàn (헤어지다)'과 같기 때문이에요. 중국 남부 지역에는 "送扇无相见 sòng shàn wú xiāng jiàn(부채를 선물하면 만날 수 없다.) 는 말이 있어 더욱 기피해요.

❺ 칼 刀 dāo

칼의 상징적인 의미 때문에

Day 19

맘 잡고
공부시작!

동사의 완료형 별것 아니네!

오늘은 동사의 완료형과 상황의 변화를 나타내는 了 le에 대해 공부할게요. 우선 '了'에는 동작의 완료를 나타내는 '了1'과 상황의 변화를 나타내는 '了2'가 있어요. 기능이 달라서 숫자 1과 2로 구분한 것이죠. 그런데 얘들이 모양이 같아서 한 문장에 나타나면 완료로 봐야하는지 상황의 변화로 봐야하는지 헷갈릴 때가 종종 있거든요. 어려운 예를 하나 들면요. 我吃了饭了。 뭐야? 了가 왜 이렇게 많아? 그래서 오늘은 그런 내용을 공부해 볼게요

무한리필

了

바로 써먹는 중국어

완료의 '了1'과 상황의 변화 '了2'

🎧 Track 50

표현방법

'了1'은 앞에서 배운 대로 〈주어 + 동사(+ 목적어) + 了〉가 기본 표현

목적어 앞에 수량이나 수식어가 들어가면 순서가 조금 바뀌어서 〈주어 + 동사 + 了 + 수량 or 수식어 + 목적어〉로 표현

의문문은 〈주어 + 동사 + 목적어 + 了吗 le ma? (= 了没有 le méiyǒu?)〉로 표현

또 '了2'는 문장 끝에 위치함.

▶ **완료**

01	(당신) 집 샀어요?	니 마이 러 팡 쯔 마 **你买了房子吗?** Nǐ mǎi le fángzi ma?
02	(당신) 차 샀어요?	니 마이 처 러 메이 유 **你买车了没有?** Nǐ mǎi chē le méiyǒu?
03	난 차(집) 안 샀어요.	워 메이 유 마이 처 (팡 쯔) **我没有买车。(房子)** Wǒ méiyǒu mǎi chē. (fángzi)
04	난 이제 지겨워요.	워 옌 쥐안 러 **我厌倦了。** Wǒ yànjuàn le.
05	그는 회사 갔습니다.	타 취 궁 쓰 러 **他去公司了。** Tā qù gōngsī le.
06	그는 대학을 졸업했습니다.	타 다 쉐 비 예 러 **他大学毕业了。** Tā dàxué bì yè le.
07	(당신) 결혼 하셨어요?	니 제 훈 러 메이 유 **你结婚了没有?** Nǐ jié hūn le méiyǒu?
08	(당신) 몇 시에 상영하는 영화티켓 샀어요?	니 마이 러 지 뎬 더 뗸 잉 퍄오 **你买了几点的电影票?** Nǐ mǎi le jǐ diǎn de diànyǐng piào?

09	우리는 안 지 얼마 안 돼 결혼했어요.	워 먼 런 스 메이 둬 주 주 제 훈 러 我们认识没多久就结婚了。 Wǒmen rènshi méi duō jiǔ jiù jié hūn le.
10	쟤는 밥만 먹으면 화장실이야. (앞 동작 완료 후 다음 동작 이어짐)	타 츠 러 판 주 상 처 쒀 他吃了饭，就上厕所。 Tā chī le fàn, jiù shàng cèsuǒ.

▶ **상황의 변화**

01	나 감기 걸렸어요.	워 간 마오 러 我感冒了。 Wǒ gǎnmào le.
02	비(눈)가 오네요.	샤 위 러 (쉐) 下雨了。(雪) Xià yǔ le. (xuě)
03	나 배고파요.	워 두 쯔 어 러 我(肚子)饿了。 Wǒ (dùzi) è le.
04	난 지쳤어요.	워 레이 러 我累了。 Wǒ lèi le.
05	겨울이다.	둥 톈 러 冬天了。 Dōngtiān le.
06	우리 이제 늙었어!	워 먼 부 녠 칭 러 我们不年轻了。 Wǒmen bù niánqīng le.
07	날씨가 추워졌어요.	톈 렁 러 天冷了。 Tiān lěng le.
08	날씨가 추워지니까 외출하기도 싫어요.	톈 렁 러 워 더우 부 샹 추 먼 러 天冷了，我都不想出门了。 Tiān lěng le, wǒ dōu bù xiǎng chū mén le.

09	내 휴대폰 없어졌어!	워 더 셔우지 부 젠 러 **我的手机不见了。** Wǒ de shǒujī bú jiàn le.
10	오랜만이에요.	하오 주 부 젠 러 **好久不见了。** Hǎo jiǔ bú jiàn le.
11	나는 더 이상 먹고 싶지 않아요.	워 부 샹 짜이 츠 러 **我不想再吃了。** Wǒ bù xiǎng zài chī le.
12	난 거기 다시는 가고 싶지 않아요.	워 부 샹 짜이 취 나 리 러 **我不想再去那里了。** Wǒ bù xiǎng zài qù nàli le.
13	저 올해 서른이에요.	워 진 녠 싼 스 (쑤이) 러 **我今年三十(岁)了。** Wǒ jīnnián sānshí (suì) le.
14	넌 이제 (더 이상) 내 적수가 아니야!	니 이 징 부 스 워 더 두이셔우 러 **你已经不是我的对手了。** Nǐ yǐjīng búshì wǒ de duìshǒu le.
15	됐어요! 됐어! 화 그만 내세요.	하오 러　하오 러　볘 성 치 러 **好了，好了，别生气了。** Hǎo le, hǎo le, bié shēng qì le.

▶ '了1'과 '了2'의 동시 출현

01	나 방금 밥 먹었어요.	워 츠 (러) 판 러 **我吃(了)饭了。** Wǒ chī (le) fàn le.
02	나는 중국어를 19일째 공부하고 있어요.	워 쉐 (러) 스 주 톈 한 위 러 **我学(了)十九天汉语了。** Wǒ xué (le) shí jiǔ tiān Hànyǔ le.
03	밥을 먹어도 금방 배가 고파요.	츠 러 판 헌 콰이 주 어 러 **吃了饭很快就饿了。** Chī le fàn hěn kuài jiù è le.

TEST

우리말과 본문을 참고로 괄호 안에 들어갈 단어를 적으세요.

🎧 Track 51

01 我( )买车。 　　　　　　　　(난) 차 안 샀어요.

02 他( )了。 　　　　　　　그는 회사 갔습니다.

03 他( )了。 　　　　　　그는 대학을 졸업했습니다.

04 你( )没有? 　　　　　　(당신) 결혼 하셨어요?

05 你( )几点的电影票? 　　몇 시에 상영하는 영화티켓 샀어요?

06 我们认识没多久就( )。 우리는 안지 얼마 안 돼 결혼했어요.

07 他( ), 就上厕所。 　　재는 밥만 먹으면 화장실이야.

08 我( )。 　　　　　　　나 감기 걸렸어요.

09 我肚子( )。 　　　　　　나 배고파요.

10 我今年( )了。 　　　　　저 올해 서른이에요.

Answer

01 메이 유
没有 méiyǒu

02 취 궁 쓰
去公司 qù gōngsī

03 다 쒜 비 예
大学毕业 dàxué bìyè

04 제 훈 러
结婚了 jié hūn le

05 마이 러
买了 mǎi le

06 제 훈 러
结婚了 jié hūn le

07 츠 러 판
吃了饭 chī le fàn

08 간 마오 러
感冒了 gǎnmào le

09 어 러
饿了 è le

10 싼 스 쑤이
三十岁 sānshí suì

같은 글자에도 발음이 여러 개, 이런 글자를 다음자(多音字)라고 합니다.
발음이 다르면 용법도 달라요! 가장 대표적인 글자 하나 알아볼까요?

▶ 着

① zháo : 着急 zháojí 초조하다
자오 지

別着急。Bié zháojí. 초조해 하지 마세요.
볘 자오 지

② zhe : 동사 뒤에서 상태의 지속을 나타냄.

门开着呢。Mén kāizhe ne. 문 열려있습니다.
먼 카이 저 너

▶ 行

① háng : 银行 yínháng 은행
인 항

② xíng : 行动 xíngdòng 행동
싱 둥

▶ 好

① hǎo : 좋다

好处 hǎochù 장점 / 好看 hǎokàn 예쁘다
하오 추   하오 칸

② hào : 좋아하다

他很好学。Tā hěn hào xué. 그는 공부하는 걸 좋아해요.
타 헌 하오 쉐

Day
20

맘 잡고
공부시작!

한 문장에 동사가 2개 / 부사어

중국 성어에 '**十年读书** shí nián dú shū'라는 말이 있습니다. 그만큼 오랜 시간
을 참고 인내하며 공부를 해 왔단 얘긴데요, 여기서 '십 년'은 긴 세월을 은유적
으로 표현한 것이지요. 오늘이 벌써 20일째, 여러분은 '**十年读书**'의 두 배를 해
내셨습니다. 정말 대단하세요! **继续加油** Jìxù jiā yóu 계속 파이팅입니다! 오늘
은 한 문장 안에 동사 2개가 오는 '연동문'과 동사를 수식하는 '부사어'에 대해
공부합니다. 연동문은 '밥 먹으러 집에 간다'와 같이 연속되는 동작이나 수단 ·
방법을 설명합니다.

연동문

01 나는 영화를 보러 갑니다.

위 취 칸 뗀 잉
我去看电影。
Wǒ qù kàn diànyǐng.

02 나 영화 보러 안 가요.

위 부 취 칸 뗀 잉
我不去看电影。
Wǒ bú qù kàn diànyǐng.

03 나는 집에 가서 쉬고 싶어요.

위 샹 후이 자 슈 시
我想回家休息。
Wǒ xiǎng huí jiā xiūxi.

04 내가 집에 바래다줄게.

위 쏭 니 후이 자
我送你回家。
Wǒ sòng nǐ huí jiā.

05 대신 방법을 좀 생각해줘.

니 취 방 위 샹 샹 빤 파
你去帮我想想办法。
Nǐ qù bāng wǒ xiǎngxiang bànfǎ.

06 대신 좀 수령해 줘.

니 취 방 위 취 후이라기
你去帮我取回来。
Nǐ qù bāng wǒ qǔ huí lái.

07 나는 차로 출근합니다.

위 카이 처 샹 반
我开车上班。
Wǒ kāi chē shàng bān.

08 돈 찾으러(저금하러) 은행 좀 다녀올게.

위 취 인 항 취 쳰   (춘 쳰)
我去银行取钱。(存钱)
Wǒ qù yínháng qǔ qián. (cún qián)

09 내가 차로 출근길 바래다줄게.

위 카이 처 쏭 니 샹 반
我开车送你上班。
Wǒ kāi chē sòng nǐ shàng bān.

10 우리 내일 배드민턴 치러 가자!

위 먼 밍 톈 취 다 위마오추 바
我们明天去打羽毛球吧。
Wǒmen míngtiān qù dǎ yǔmáoqiú ba.

11 확인 좀 해주세요.

칭 방 위 차 이 샤
请帮我查一下。
Qǐng bāng wǒ chá yixià.

부사어

🎧 Track 53

01 빨리 뛰어!
쾨이 파오
快跑!
Kuài pǎo!

02 살펴가세요!
만 쩌우
慢走!
Màn zǒu!

03 지금 시작합니다!
쎈 짜이 카이 스
现在开始!
Xiànzài kāishǐ!

04 자~ 안으로 모실게요.
라이 라이 라이 리 몐 칭
来来来，里面请。
Lái lái lái, lǐmian qǐng.

05 오세요, 들어오세요!
라이 우 리 쭤
来，屋里坐!
Lái, wū li zuò!

06 당신의 의견에 100% 동의해요.
워 완 취안 퉁 이 니 더 이 젠
我完全同意你的意见。
Wǒ wánquán tóngyì nǐ de yìjiàn.

07 완전히 이해했어요.
완 취안 밍 바이 러
完全明白了。
Wánquán míngbai le.

08 의견이 완전히 달라요.
이 젠 완 취안 샹 판
意见完全相反。
Yìjiàn wánquán xiāngfǎn.

09 지금은 서서히 익숙해졌어요.
쎈 짜이 만 만 (더) 시 관 러
现在慢慢(地)习惯了。
Xiànzài mànmān (de) xíguàn le.
(형용사 '慢' 중첩 + 地 + 동사)

10 조용히 왔다가 살며시 간다.
징 징 더 라이 차오 차오 더 쩌우
静静地来，悄悄地走。
Jìngjìng de lai, qiāoqiāo de zǒu.

11	적극적이고 열심히 일한다.	지 지 누 리 더 궁 쭤 **积极努力地工作。** Jījí nǔ lì de gōngzuò.
12	난 아주 진지하게 고려중이야.	워 정 짜이 헌 런 전 듸 카오 뤼 **我正在很认真地考虑。** Wǒ zhèngzài hěn rènzhēn de kǎolù.
13	나는 진지하게 생각해 봤어요.	워 런 전 카오 뤼 궈 **我认真考虑过。** Wǒ rènzhēn kǎolù guo.

TEST

우리말과 본문을 참고로 괄호 안에 들어갈 단어를 적으세요.

🎧 Track 54

01 我(   )。 나는 영화를 보러 갑니다.

02 我想(   )。 나는 집에 가서 쉬고 싶어요.

03 我(   )。 내가 집에 바래다줄게.

04 我(   )存钱。 저금하러 은행 좀 다녀올게.

05 我早上(   )。 나는 아침에 걸어서 출근해요.
(步行 bùxíng 걸어서 가다)

06 我们明天去(   )吧。 우리 내일 배드민턴 치러 가자!

07 ( )跑! 빨리 뛰어!

08 (   )开始! 지금 시작합니다!

09 我(   )同意你的意见。 당신의 의견에 완전히 동의합니다.

10 现在(   )地习惯了。 지금은 서서히 익숙해졌어요.

Answer

01 <ruby>去<rt>취</rt></ruby><ruby>看<rt>칸</rt></ruby><ruby>电<rt>뗀</rt></ruby><ruby>影<rt>잉</rt></ruby>
去看电影

02 <ruby>回<rt>후이</rt></ruby><ruby>家<rt>자</rt></ruby><ruby>休<rt>슈</rt></ruby><ruby>息<rt>시</rt></ruby>
回家休息

03 <ruby>送<rt>쑹</rt></ruby><ruby>你<rt>니</rt></ruby><ruby>回<rt>후이</rt></ruby><ruby>家<rt>자</rt></ruby>
送你回家

04 <ruby>去<rt>취</rt></ruby><ruby>银<rt>인</rt></ruby><ruby>行<rt>항</rt></ruby>
去银行

05 <ruby>步<rt>부</rt></ruby><ruby>行<rt>싱</rt></ruby><ruby>上<rt>상</rt></ruby><ruby>班<rt>반</rt></ruby>
步行上班

06 <ruby>打<rt>다</rt></ruby><ruby>羽<rt>위</rt></ruby><ruby>毛<rt>마오</rt></ruby><ruby>球<rt>추</rt></ruby>
打羽毛球

07 <ruby>快<rt>콰이</rt></ruby>
快

08 <ruby>现<rt>셴</rt></ruby><ruby>在<rt>짜이</rt></ruby>
现在

09 <ruby>完<rt>완</rt></ruby><ruby>全<rt>취안</rt></ruby>
完全

10 <ruby>慢<rt>만</rt></ruby><ruby>慢<rt>만</rt></ruby>
慢慢

중국어
말문 떼기

중국어 번역기 너무 믿지 마세요!

번역기는 단지 모든 문장을 직역할 뿐 그 단어가 나타내는 뉘앙스나 숨은 뜻 까지는 완벽하게 표현할 수 없답니다. 다음은 저자의 경험입니다. 어느 날 아침 지인에게 문자가 왔어요. 슬프면서도 감동적 일화에 감동한 나머지 저는 다음과 같은 내용을 보냈지요.

하오 베이 상 아　부 궈 진 톈 예 야오 쟈 유 러우
"好悲伤啊! 不过今天也要加油喽!" 정말 슬프네요! 그래도 오늘도 파이팅 하자고요!
Hǎo bēishāng a! Búguò jīntiān yě yào jiā yóu lou!

번역기는 이를 어떻게 번역할까 궁금한 마음에 번역기에 똑같은 내용을 입력해 보았지요. 그런데 그 결과가 정말 황당하다 못해 웃음이 나올 지경이었지요.

간체중국어 : 好悲伤啊! 不过今天也要加油喽!
한국어 : "어이구, 망했구나! 그러나 오늘 기름을 넣습니다!!"

번역기는 나름 최선을 다해 직역을 했어요. '加油 쟈 유 jiā yóu'에는 '기름을 넣다' 라는 뜻이 진짜 있으니까요. 그런데 '망했구나!'는 도대체 어디서 온 것인지 아직도 궁금합니다. 덕분에 유쾌한 아침을 열 수 있었지만, 아무튼 번역기 보다는 스스로 사전을 찾아보며 공부해 문장을 만들어 나가길 바랍니다.

Day 21

맘 잡고
공부시작!

부사 알기

중국어에 보면 '**不管**三七二十一 Bùguǎn sān qī èrshí yī'라는 말이 있습니다. "앞뒤를 가리지 않고 무턱대고, 다짜고짜로"라는 말입니다. 구구단에서 "37은 21"이고, '不管'은 '~을 막론하고'라는 뜻으로, 이 말은 어려움을 두려워하지 않고 일을 잘 처리해 나가는 것을 나타내는데요, "에이~ 모르겠다. 이판사판이다."라는 의미로 사용되죠. 다시 한 번 여러분의 끈기에 박수를 보내며 오늘 부사에 대해 공부합니다. 부사는 동사나 형용사를 수식하고 정도, 범위, 시간을 나타냅니다.

부사

▶ **단독으로 쓸 수 있는 부사** 🎧 Track 55

01	아니요! 됐습니다.	^부 **不!** Bù!

02	아니에요! / 없어요.	^{메이 유} **没有!** Méiyǒu!

03	아마도요! / 어쩌면요!	^{예 쉬} **也许!** Yěxǔ!

04	조금 그렇죠!	^{유 델} **有点儿!** Yǒudiǎnr!

05	당연하죠!	^{당 란} **当然!** Dāngrán!

06	금방 할게요! / 지금 당장하세요!	^{마 상} **马上!** Mǎshàng!

07	뭐 그럴 필요까지야～	^{허 비 너} **何必呢?** Hébì ne?

08	딱 좋아요!	^{강 하오} **刚好!** Gāng hǎo!

09	방금이요!	^{강 강} **刚刚!** Gānggāng!

▶ 단독으로 쓸 수 없는 부사

很 hěn / 最 zuì / 有点儿 yǒudiǎnr / 都 dōu / 只 zhǐ

01	아주 마음에 들어요.	很喜欢。 Hěn xǐhuan.
02	무지 더운데요.(기쁜데요.)	**热**得很。(高兴) Rè de hěn. (gāoxìng)
03	맨 오른쪽 끝에.	最右边。 Zuì yòubian.
04	인기 짱이야!	最受欢迎! Zuì shòu huānyíng!
05	좀 졸리다.	有点儿困。 Yǒu diǎn kùn.
06	오늘 몸이 좀 안 좋아서 출근하기 싫은데.	今天我有点儿不舒服，不想上班。 Jīntiān wǒ yǒudiǎnr bù shūfu, bù xiǎng shàng bān.
07	사람들은? 다들 어디 갔어요?	人呢？都去哪里了？ Rén ne? Dōu qù nǎli le?
08	벌써 12시다. 자야겠다. (밥 먹어야겠다.)	都十二点了，该**睡觉**了。(吃饭) Dōu shí'èr diǎn le, gāi shuì jiào le. (chī fàn)
09	독일어는 듣기만하고 말은 할 줄 몰라요.	德语我只会听，不会说。 Déyǔ wǒ zhǐ huì tīng, bú huì shuō.

10 내 눈엔 너밖에 안 보여.

워 더 옌 리 즈 유 니
我的眼里只有你。
Wǒ de yǎnli zhǐyǒu nǐ.

11 그에게는 이미 좋아하는 사람이
생겼어요.

타 이 징 유 시 환 더 런 러
他已经有喜欢的人了。
Tā yǐjīng yǒu xǐhuan de rén le.

시 환 더 런
(喜欢的人 xǐhuan de rén 좋아하는 사람)

12 아니 왜 이제서야 집에 가?

니 쩐 머 셴 짜이 차 이 후 이 자
你怎么现在才回家？
Nǐ zěnme xiànzài cái huí jiā?

13 그녀는 스무 살에 일찍 결혼을
했어요.

타 얼 스 쑤이 주 제 훈 러
她二十岁就结婚了。
Tā èrshí suì jiù jié hūn le.

14 이 구간은 자주(주말 저녁)
차가 막혀요.

저 탸오 루 뚜안 창 창 두 처 (저우 모 완 상)
这条路段<mark>常常</mark>堵车。(周末晚上)
Zhè tiáo lùduàn <mark>chángcháng</mark> dǔ chē. (zhōumò
wǎnshang)

15 곧 시작합니다!

마 상 주 카 이 스 라
马上就开始啦!
Mǎshàng jiù kāishǐ le!

16 내가 막 술집에 가려는데 누가
갑자기 나를 불렀어요.

워 정 야오 취 주 바 　 후 란 유 런 쟈오 워
我正要去酒巴，忽然有人叫我。
Wǒ zhèngyào qù jiǔbā, hūrán yǒu rén jiào wǒ.

17 다시 한 번 수정하세요.

짜이 슈 가 이 이 볜
再修改一遍。
Zài xiūgǎi yí biàn.

18 아직도 그 회사 다니세요?

니 하이 짜이 위안 라이 더 궁 쓰 상 반 마
你还在原来的公司上班吗？
Nǐ hái zài yuánlái de gōngsī shàng bān ma?

19 허탕 쳤네!

바이 파오 러 러 이 탕
白跑了一趟!
Bái pǎo le yí tàng!

TEST

우리말과 본문을 참고로 괄호 안에 들어갈 단어를 적으세요.

🎧 Track **56**

01 (　)好!　　　　　　　　　딱 좋아요!

02 (　　)!　　　　　　　　　방금이요!

03 (　)喜欢。　　　　　　　아주 마음에 들어요.

04 热得(　)。　　　　　　　무지 더운데요.

05 (　)右边。　　　　　　　맨 오른쪽 끝에.

06 (　　)困。　　　　　　　좀 졸리다.

07 (　)受欢迎!　　　　　　　인기 짱이야!

08 (　)去哪里了?　　　　　　다들 어디 갔어요?

09 (　)十二点(　), 该睡觉了。　벌써 12시다. 자야겠다.

10 你怎么现在(　)回家?　　　아니 왜 이제 서야 집에 가?

Answer

01 刚 ^강 gāng

02 刚刚 ^{강 강} gānggāng

03 很 ^헌 hěn

04 很 ^헌 hěn

05 最 ^{쭈이} zuì

06 有点儿 ^{유 뎰} yǒu diǎnr

07 最 ^{쭈이} zuì

08 都 ^{더우} dōu

09 都 ^{더우} dōu / 了 ^러 le

10 才 ^{차이} cái

중국어
말문 떼기

재미있는 중국어 외래어 표현법

중국의 외래어는 소리 나는 대로, 의미에 따라, 소리 + 의미로 구별되어요.
각각의 경우를 보죠.

❶ 소리 나는 대로

아스피린 : 阿司匹林 āsīpǐlín
^{아 쓰 피 린}

올림픽 : 奥林匹克 Àolínpǐkè
^{아오 린 피 커}

❷ 의미에 따라

헤비메탈 : 重金属音乐 zhòngjīnshǔ yīnyù * 重(heavy) + 金属(metal)
^{중 진 수 인 웨}

재즈 : 爵士 juéshì
^{쥐 스}

❸ 소리 + 의미

인터넷 : 因特网 yīntè wang * 因特(inter : 소리) + 网(net : 의미)
^{인 터 왕}

미니스커트 : 迷你裙 mínǐ qún * 迷你(mini : 소리) + 裙(skirt : 의미)
^{미 니 췬}

한자에는 뜻이 있기 때문에 "당신을 현혹하는 치마"로 풀이할 수도 있지요~!

이런 맥락에서 보자면 '코카콜라 可口可乐 kě kǒu kě lè'는 소리를 가지고
^{커 커우 커 러}
만들어진 외래어이지만, 한자의 의미상 "마시면 마실수록 기쁨을 안겨준다"로
풀이할 수 있어 지금까지도 가장 번역이 잘 된 말로 꼽히고 있지요.

Day 22

비교 표현

살다보면 비교당하기도 또 비교를 하기도 합니다. 중국 옛말에 "^{비 상 부 주} **比上不足, 比** ^{하 유 여} **下有余** Bǐ shàng bù zú, bǐ xià yǒu yú"라는 말이 있는데요, "자기보다 나은 사람을 좇아가기에는 능력이 모자라고, 자기보다 못한 사람과 비교하면 능력이 넘친다."라는 뜻이죠. 모든 것은 마음먹기에 달려 있지요. 자족(^{쯔 주}**自足** zìzú)하며 사는 인생이 가장 아름답다는 흔한 말을 하고 싶네요.

오늘은 비교의 표현을 공부합니다.

거참 묘하게 비교되네..

비교문

01 나는 그보다 나이가 어려요.

워 녠 지 비 타 샤오
我年纪比他小。
Wǒ niánjì bǐ tā xiǎo.

02 이게 저것 보다 커요.

저 거 비 나 거 다
这个比那个大。
Zhège bǐ nàge dà.

03 그는 나보다 키가 커요
(멋져요 / 키가 작아요).

타 비 워 가오 　(솨이　아이)
他比我高。(帅 / 矮)
Tā bǐ wǒ gāo. (shuài / ǎi)

04 그녀가 나보다 훨씬 섹시해요.

타 비 워 겅 싱 간 　　타 비 워 헌 싱 간
她比我更性感。她比我很性感（✕）
Tā bǐ wǒ gèng xìnggǎn.

05 그는 나보다 세 살 많아요.

타 비 워 다 싼 쑤이
他比我大三岁。
Tā bǐ wǒ dà sān suì.

06 나는 남편보다 열 살 어려요.

워 비 워 셴 성 샤오 스 쑤이
我比我先生小十岁。
Wǒ bǐ wǒ xiānsheng xiǎo shí suì.

07 그는 노래를 나보다 잘 불러요.

타 비 워 창 더 하오
他比我唱得好。
Tā bǐ wǒ chàng de hǎo.

08 그는 나보다 많이 먹어요.

타 비 워 츠 더 뒤
他比我吃得多。
Tā bǐ wǒ chī de duō.

09 그는 중국어를 나보다 잘해요.

타 한 위 숴 더 비 워 하오
他汉语说得比我好。
Tā Hànyǔ shuō de bǐ wǒ hǎo.

10 오늘이 어제보다 훨씬 춥네요.

진 톈 비 쭤 톈 하이 렁
今天比昨天还冷。
Jīntiān bǐ zuótiān hái lěng.

11 오늘은 어제만큼 춥지 않아요.

진 톈 메이 유 쭤 톈 렁
今天没有昨天冷。
Jīntiān méiyǒu zuótiān lěng.

12 매 해 좋아지고 있어요.

이 녠 비 이 녠 하오
一年比一年好。
Yì nián bǐ yì nián hǎo.

13 그의 성적은 나보다 못해요.

타 더 청 지 비 워 차
他的成绩比我差。
Tā de chéngjì bǐ wǒ chà.

14 쟤 나 따라 오려면 아직도 멀었어요.

타 비 워 차 위안 러
他比我差远了。
Tā bǐ wǒ chà yuǎn le.

15 제가 생각했던 것 보다는 좀 못 해요.

비 워 샹 샹 더 야오 차 이 뎬
比我想象的要差一点。
Bǐ wǒ xiǎngxiàng de yào chà yì diǎn.

16 제 생각만큼 그렇게 어렵지 않네요.

메이 유 워 샹 더 나 머 난
没有我想的那么难。
Méiyǒu wǒ xiǎng de nàme nán.

17 당신 생각만큼 그렇게 비싸지 않아요.

메이 유 니 샹 더 나 머 구이
没有你想的那么贵。
Méiyǒu nǐ xiǎng de nàme guì.

18 나도 당신이랑 똑같아요.

워 건 니 이 양
我跟你一样。
Wǒ gēn nǐ yíyàng.

19 난 당신과 달라요.

워 건 니 부 이 양
我跟你不一样。
Wǒ gēn nǐ bù yíyàng.

20 원작과 완전히 똑같아요.

허 위안 쥐 완 취안 이 양
和原剧完全一样。
Hé yuánjù wánquán yíyàng.

21 원작과 완전히 달라요.

허 위안 쥐 완 취안 부 이 양
和原剧完全不一样。
Hé yuánjù wánquán bù yíyàng.

22 원곡보다 훨씬 더 잘 부르시네요!

니 비 위안 창 창 더 하이 하오
你比原唱唱得还好。
Nǐ bǐ yuánchàng chàng de hái hǎo.

23	그 사람 키가 나만해?	타 유 워 가오 마 **他有我高吗?** Tā yǒu wǒ gāo ma?
24	그는 나만큼 크지 않아요.	타 메이 유 워 가오 **他没有我高。** Tā méiyǒu wǒ gāo.
25	내가 그녀보다 키가 훨씬 더 커요.(예뻐요)	워 비 타 가오 뒤 러 　(퍄오 량) **我比她高多了。(漂亮)** Wǒ bǐ tā gāo duō le. (piàoliang)
26	제 월급이 그보다 많아요.	워 더 신 쉐이 비 타 가오 **我的薪水比他高。** Wǒ de xīnshuǐ bǐ tā çāo.
27	왜 네 월급이 나보다 많지?	웨이 선 머 니 더 궁 쯔 비 워 가오 **为什么你的工资比我高?** Wèishénme nǐ de gōngzī bǐ wǒ gāo?
28	제 여친 급여가 나보다 높아요.	워 뉘 펑 유 궁 쯔 비 워 가오 **我女朋友工资比我高。** Wǒ nǚpéngyou gōngzī bǐ wǒ gāo.

TEST 우리말과 본문을 참고로 괄호 안에 들어갈 단어를 적으세요.

🎧 Track 58

01 我年纪( )他( )。　　　　　나는 그보다 나이가 어려요.

02 他比我( )。　　　　　그는 나보다 세 살 많아요.

03 他( )我( )。　　　　　그는 나보다 키가 커요.

04 她( )我( )性感。　　　　　그녀가 나보다 훨씬 섹시해요.

05 他( )我唱得( )。　　　　　그는 노래를 나보다 잘 불러요.

06 他( )我吃得( )。　　　　　그는 나보다 많이 먹어요.

07 今天( )昨天( )冷。　　　　　오늘이 어제보다 훨씬 춥네요.

08 今天( )昨天冷。　　　　　오늘은 어제만큼 춥지 않아요.

09 我( )你( )。　　　　　나도 당신이랑 똑같아요.

10 我( )你( )。　　　　　난 당신과 달라요.

Answer

01 比 bǐ / 小 xiǎo

02 大三岁 dà sān suì

03 比 bǐ / 高 gāo

04 比 bǐ / 更 gèng

05 比 bǐ / 好 hǎo

06 比 bǐ / 多 duō

07 比 bǐ / 还 hái

08 没有 méiyǒu

09 跟 gēn / 一样 yíyàng

10 跟 gēn / 不一样 bù yíyàng

함축적인 중국어 표현

❶ 음치? 五音不全 wǔyīn bù quán

중국어로 '음치'는 '五音不全 wǔyīn bù quán'이라고 합니다.

오음이 고대의 기본 음계인 것은 다 아시죠? 그 다섯 음이 모두 '不全(갖추어지지 않았다)'하니 얼마나 노래를 못한다는 얘기겠어요? 이처럼 중국어에서는 직설적인 화법보다는 함축적인 표현으로 나타내는 경우가 많답니다. 또 노래를 부르다 보면 특히 고음에서 '삑사리'가 나는 경우가 있는데요. '삑사리'를 중국어로 '走音 zǒuyīn'입니다. (走 가다)

❷ 밥 먹었어? 바빠?

중국 사람은 오고가고 만날 때 마다 "밥 먹었어? 吃了吗？chī le ma?" 라는 질문을 하는데요, 요즘은 이 말 대신 "바빠? 忙什么呢？Máng shénme ne?"라는 질문도 많이 사용합니다. 이때 "뭐 아직 못 먹었어요. 还没吃 Hái méi chī" 또는 "没忙什么 Méi máng shénme 별로 안 바빠요."처럼 너무 솔직하고 진지한 대답은 오히려 촌스러울 수 있어요. 그냥 인사차 묻는 표현이라는 것! 관심에 대한 함축적인 표현이라는 것 정도만 알고 넘어가자고요!

Day 23

맘 잡고 공부시작!

개사와 친해지기

오늘은 공부 23일째 개사와 친해지도록 해 보죠. 중국어의 개사는 '和 hé^허, 跟^건 gēn ~와', '给 géi^{게이} ~에게', '在 zài^{짜이} ~에서' 등의 뜻을 가진 표현으로 단독으로 쓰이지 못하고 반드시 다른 단어들과 연결되어 사용됩니다. 이런 개사는 '개사 + 대상이나 장소 + 동사 + 목적어'와 같이 표현됩니다. 자~ 계속 파이팅입니다! **继续加油!**^{지쉬자유} Jìxù jiā yóu!

에라, 도르겠 다. 이판사판 이다!

파이팅~!

개사

▶ **跟** gēn ~와 (= 和 hé)

01 (무슨)일 있으면 나랑 상의해.

유 스 건 워 상 량
有事跟我商量。
Yǒu shì gēn wǒ shāngliang.

02 나 쟤랑 말다툼 했어.

워 건 타 차오 쟈 러
我跟他吵架了。
Wǒ gēn tā chǎo jià le.

03 나랑 같이 여행 갑시다!

건 워 이 치 취 뤼 유 바
跟我一起去旅游吧!
Gēn wǒ yìqǐ qù lǚyóu ba!

04 나는 그 사람하고 만나기 싫어요.

워 부 위안 이 건 타 젠 몐
我不愿意跟他见面。
Wǒ bú yuànyì gēn tā jiàn miàn.

05 이 돈 친구한테 빌린 거예요.

저 첸 스 건 펑 유 졔 더
这钱是跟朋友借的。
Zhè qián shì gēn péngyou jiè de.

▶ **从** cóng ~부터(동작이나 시간의 시작점)

01 아침부터 저녁까지 열 시간을 일해야 해요.

충 짜오 다오 완 야오 궁 쮜 스 거 샤오 스
从早到晚要工作十个小时。
Cóng zǎo dào wǎn yào gōngzuò shí ge xiǎoshí.

02 서울에서 대전까지 대략 얼마나 걸려요?

충 셔우 얼 다오 다 톈 다 웨 야오 뒈 주
从首尔到大田大约要多久?
Cóng Shǒu'ěr dào Dàtián dàyuē yào duōjiǔ?

03 처음부터 끝까지 한번 읽어보세요.

충 터우 다오 웨이 두 이 볜
从头到尾读一遍。
Cóng tóu dào wěi dú yí biàn.

04 난 다섯 시 반에 회사에서 출발할게.

워 우 뎬 반 충 궁 쓰 추 파
我五点半从公司出发。
Wǒ wǔ diǎn bàn cóng gōngsī chūfā.

▶ 给 gěi ~에게

01	네가 소개 좀 시켜줘!	니 게이 워 제 샤오 이 샤 바 **你给我介绍一下吧!** Nǐ gěi wǒ jièshao yíxià ba!
02	간호사가 그에게 진정제를 주사했어요.	후 스 게이 타 다 러 이 전 전 징 지 **护士给他打了一针镇静剂。** Hùshi gěi tā dǎ le yì zhēn zhènjìngjì.
03	어머니에게 무슨 선물을 사 드리지?	게이 마 마 마이 선 머 리 우 **给妈妈买什么礼物?** Gěi māma mǎi shénme lǐwù?
04	넌 왜 나 선물 안 사줘?	니 웨이 선 머 부 마이 리 우 게이 워 **你为什么不买礼物给我?** Nǐ wèishénme bù mǎi lǐwù gěi wǒ?
05	나는 그에게 사과하고 싶어요.	워 샹 게이 타 다오 첸 **我想给他道歉。** Wǒ xiǎng gěi tā dào qiàn.
06	저에게 메일을 보내 주세요.	칭 게이 워 파 뎬 유 **请给我发电邮。** Qǐng gěi wǒ fā diànyóu.
07	저에게 문자를 보내주세요.	칭 게이 워 파 돤 신 **请给我发短信。** Qǐng gěi wǒ fā duǎnxìn.
08	저에게 전화해 주세요.	칭 게이 워 다 뎬 화 **请给我打电话。** Qǐng gěi wǒ dǎ diànhuà.

▶ **离** li ～로부터(거리나 시간의 격차)

01 여기서 먼가요?

리　절　위안　마
离这儿远吗？
Lí zhèr yuǎn ma?

02 회사가 우리 집에서 멀어요.

궁　쓰　리　워　자　헌　위안
公司离我家很远。
Gōngsī lí wǒ jiā hěn yuǎn.

03 기말고사가 일주일 밖에 안 남았어요.

리　치　모　카오스　즈　유　이　거　싱　치　러
离期末考试只有一个星期了。
Lí qīmò kǎoshì zhǐyǒu yí ge xīngqī le.

04 퇴근시간까지 아직도 십 분이 남았어요.

리　샤　반　스　젠　하이　유　스　펀　중
离下班时间还有十分钟。
Lí xià bān shíjiān háiyǒu shí fēnzhōng.

05 여기에서 2백 미터 정도 거리에 있어요.

리　절　다　가이　유　량　바이　미
离这儿大概有两百米。
Lí zhèr dàgài yǒu liǎng bǎi mǐ.

06 출발 시간까지 아직도 삼십분 남았어요.

리　추　파　스　젠　하이　유　반　거　샤오　스
离出发时间还有半个小时。
Lí chūfā shíjiān háiyǒu bàn ge xiǎoshí.

▶ **对** duì ~에 대하여(동작의 대상을 가리킴)

01 그는 업무에 있어서 책임감이 강합니다.

<small>타 두이 궁 쭤 헌 푸 저</small>
他对工作很负责。
Tā duì gōngzuò hěn fùzé.

02 그는 일에 있어서 아주 열심입니다.

<small>타 두이 궁 쭤 헌 런 전</small>
他对工作很认真。
Tā duì gōngzuò hěn rènzhēn.

03 그가 나를 보고 웃었어요.

<small>타 두이 워 샤오 러</small>
他对我笑了。
Tā duì wǒ xiào le.

04 절대 다른 사람한테 말하지 마!

<small>첸 완 부 야오 두이 볘 런 쉬</small>
千万不要对别人说!
Qiānwàn búyào duì biérén shuō!

05 이건 나한테 아주 중요해요.

<small>저 두이 워 헌 중 야오</small>
这对我很重要。
Zhè duì wǒ hěn zhòngyào.

우리말과 본문을 참고로 괄호 안에 들어갈 단어를 적으세요.

🎧 Track 60

01 有事（　）我商量。 일 있으면 나랑 상의해.

02 （　）早到晚要工作十个小时。 아침부터 저녁까지 열 시간을 일해야 한다.

03 我（　）他吵架了。 나 쟤랑 말다툼 했어.

04 （　）首尔到大田大约要多久？ 서울에서 대전까지 대충 얼마나 걸려요?

05 我不愿意（　）他（　　　）。 나는 그 사람 만나지 않았으면 좋겠어요.

06 我想（　）他道歉。 나는 그에게 사과하고 싶어요.

07 （　）下班时间（　　　）十分钟。 퇴근시간까지 아직도 십 분이 남았어요.

08 请（　）我（　）电邮。 저에게 메일을 보내 주세요.

09 （　）这儿（　）吗？ 여기서 먼가요?

10 请（　）我发（　　　）。 저에게 문자를 보내주세요.

Answer

01 跟 ^건 gēn

02 从 ^총 cóng

03 跟 ^건 gēn

04 从 ^총 cóng

05 跟 ^건 gēn / 见面 ^{젠 몐} jiànmiàn

06 给 ^{게이} gěi

07 离 ^리 lí / 还有 ^{하이 유} háiyǒu

08 给 ^{게이} gěi / 发 ^파 fā

09 离 ^리 lí / 远 ^{위안} yuǎn

10 给 ^{게이} gěi / 短信 ^{돤 신} duǎnxìn

중국어
말문 떼기

품사에도 신경 쓰자!

모양은 같지만 품사가 다른 몇 개의 단어들에 대해 알아보죠!

❶ 给 gěi (게이)

(동사) 주다

他给我礼物。Tā gěi wǒ lǐwù. 그가 나에게 선물을 주다.
(타 게이 워 리 우)

(개사) ~에게

他给我买礼物。Tā gěi wǒ mǎi lǐwù. 그가 나에게 선물을 사주다.
(타 게이 워 마이 리 우)

❷ 对 duì (두이)

(개사) ~에 대하여

他对我笑了。Tā duì wǒ xiào le. 그가 나를 보고 웃었어요.
(타 두이 워 샤오 러)

(동사) 마주하다

对着太阳 duì zhe tàiyáng 태양을 마주한 채로 있다.
(두이 저 타이 양)

❸ 跟 gēn (건)

(개사) ~와

有事跟我商量。Yǒu shì gēn wǒ shāngliang. 일 있으면 나랑 상의해.
(유 스 건 워 상 량)

(동사) 따라가다

跟着他 gēn zhe tā 그를 따라 다니다
(건 저 타)

200 왕초보 중국어 28일만에 완전 절친되기

**맘 잡고
공부시작!**

결과보어

공부 시작 24일째! 오늘은 '다 읽었다', '배불리 먹었다'와 같이 동작의 결과를 설명하는 결과보어에 대해 공부해 보기로 해요. 이 결과보어는 동사 뒤에 쓰이는데요, '동사 + 동사 / 형용사'와 같이 동사나 형용사가 동사 뒤에 오죠, 부정형은 동사 앞에 '没(有) méi(yǒu)'를 쓰고, 의문형은 문장 끝에 吗 ma?를 쓰면 됩니다.

결과보어

01 다 읽었어요.

칸 완 러
看完了。
Kànwán le.

02 (드디어) 찾았어요.

자오 다오 러
找到了。
Zhǎodào le.

03 (드디어) 샀습니다.

마이 다오 러
买到了。
Mǎidào le.

04 사지 못했어요.

메이 마이 다오
没买到。(부정형일 때는 '了'를 쓰지 않아요.)
Méi mǎidào.

05 알아들었어요.

팅 둥 러
听懂了。
Tīngdǒng le.

06 못 알아들었어요.

메이 팅 둥
没听懂。
Méi tīngdǒng.

07 배워서 터득했어요.

쉐 후이 러
学会了。
Xuéhuì le.

08 나 중국어(수영) 터득했어요.

워 쉐 후이 한 위 러 (유 융)
我学会汉语了。(游泳)
Wǒ xuéhuì Hànyǔ le. (yóuyǒng)

09 봤어요.

칸 젠 러
看见了。
Kànjiàn le.

10 (소문이) 퍼졌다.

촨 카이 러
传开了。
Chuánkāi le.

11 인터넷에서 신속하게 퍼졌어요.

짜이 왕 상 쉰 쑤 촨 카이 러
在网上迅速传开了。
Zài wǎng shang xùnsù chuánkāi le.

12	다 드셨어요?	_{츠 완 러 마} **吃完了吗?** Chīwán le ma?
13	기억했어요?	_{지 주 러 마} **记住了吗?** Jìzhù le ma?
14	비밀번호 기억했어요?	_{니 지 주 미 마 러 마} **你记住密码了吗?** Nǐ jìzhù mìmǎ le ma?
15	(글씨를) 잘못 썼어요.	_{세 춰 러} **写错了。** Xiěcuò le.
16	(전화를) 잘못 걸었습니다.	_{다 춰 러} **打错了。** Dǎcuò le.
17	말실수를 했네요.	_{쉬 춰 화 러} **说错话了。** Shuōcuò huà le.
18	제가 말실수 했나요?	_{워 스 부 스 쉬 춰 화 러 (=워 쉬 춰 화 러 마)} **我是不是说错话了? (=我说错话了吗?)** Wǒ shì búshì shuōcuò huà le? (=Wǒ shuōcuò huà le ma?)
19	분명히 봤습니다.	_{칸 칭 추 러} **看清楚了。** Kàn qīngchu le.
20	깨끗이 씻었습니다.	_{시 간 징 러} **洗干净了。** Xǐ gānjìng le.
21	멈춰!	_{잔 주} **站住!** Zhànzhù!
22	많이 먹었어요.	_{츠 둬 러} **吃多了。** Chīduō le.

23	많이 마셨네요.	허 뒤 러 **喝多了。** Hēduō le.
24	배불리 먹었어요.	츠 바오 러 **吃饱了。** Chībǎo le.
25	다 수리했습니다.	슈 리 하오 러 **修理好了。** Xiūlǐ hǎo le.
26	준비 다 됐습니다.	준 베이하오 러 **准备好了。** Zhǔnbèi hǎo le.
27	모두들 잠들었습니다.	다 쟈 더우쉐이자오 러 **大家都睡着了。** Dàjiā dōu shuìzháo le.

TEST

다음은 동작의 결과를 설명하는 표현입니다.
우리말을 참고로 괄호 안에 단어를 쓰세요.

🎧 Track **62**

01	看(　)了。	다 읽었어요.
02	找(　)了。	찾았어요.
03	(　)买到。	사지 못했어요.
04	学(　)了。	배워서 터득했어요.
05	看(　)了。	봤어요.
06	吃(　)了(　)?	다 드셨어요?
07	记(　)了(　)?	기억했어요?
08	听(　)了。	알아들었어요.
09	写(　)了。	잘못 썼어요.
10	吃(　)了。	배불리 먹었어요.

Answer

01 完 ^완 wán

02 到 ^{다오} dào

03 没 ^{메이} méi

04 会 ^{후이} huì

05 见 ^젠 jiàn

06 完 ^완 wán / 吗 ^마 ma

07 住 ^주 zhù / 吗 ^마 ma

08 懂 ^둥 dǒng

09 错 ^춰 cuò

10 饱 ^{바오} bǎo

중국어
말문 떼기

중국어 성조는 매우 중요합니다. 발음이 같아도 성조에 따라 글자와 의미가 달라질 수 있어 정확한 의사소통을 위해서는 성조를 정확하게 발음하는 연습이 중요합니다. ㅅ성으로 시작하는 단어를 볼까요?

^{성 치}
升旗 shēngqí 기를 게양하다

^{성 치}
升起 shēngqǐ 떠오르다

^{디 야}
低压 dīyā 저기압

^{디 야}
抵押 dǐyā 저당 잡히다

이렇게 성조에 따라 의미 차이가 큰 것을 볼 수 있는데요,

성조의 중요성이 새삼 실감나죠?

Day 25

맘 잡고
공부시작!

정도보어

오늘은 '배불리 먹다', '예쁘게 생겼다' 등과 같이 동작이나 행위의 정도를 표현하는 정도보어에 대해 공부합니다. 표현방법은 〈주어 + 동사 + **得** de (조사로 뜻은 없지만 반드시 써야 함) + 정도를 보충설명해 주는 형용사나 동사〉인데요, 만약 목적어가 있다면 〈주어 + 목적어 + 동사 + **得** de + 보충어〉 또는 〈주어 + 동사 + 목적어 + 동사 + **得** de + 보충어〉와 같이 표현하면 됩니다. 또 '**得**' 앞에는 동사 외에 형용사도 올 수 있는데요, 이때는 〈주어 + 형용사 + **得** de + 보충어〉로 표현됩니다. 이제 기본 표현과 바로 써먹는 표현을 통해 정도보어에 대해 알아봐요.

대박! 정말 빠르다~

정도보어 기본 표현

▶ **동작의 모습이 어떤지를 설명**　　　🎧 Track 63

01 빨리 달리다.

파오 더 콰이
跑得快。
Pǎo de kuài.

02 뛰느라 땀이 나다.

파오 더 추 한
跑得出汗。
Pǎo de chū hàn.

03 천천히 말하다.

쉬 더 만
说得慢。
Shuō de màn.

04 빨리 걷다.

쩌우 더 콰이
走得快。
Zǒu de kuài.

05 말을 잘 하다, 옳은 말이다.

쉬 더 하오
说得好。
Shuō de hǎo.

06 일을 잘 하다, 잘했어요! (칭찬)

쮀 더 하오
做得好!
Zuò de hǎo!

07 예쁘게 생기다.

장 더 퍄오 량
长得漂亮。
Zhǎng de piàoliang.

08 밥을 배불리 먹다.

(츠) 판 츠 더 헌 바
(吃)饭吃得很饱。
(Chī) fàn chī de hěn bǎo.

09 옷을 예쁘게 입다.

(촨) 이 푸 촨 더 헌 퍄오 량
(穿)衣服穿得很漂亮。
(Chuān) yīfu chuān de hěn piàoliang.

▶ 형용사 + 得 ～

01 매우 기쁘다.	가오 싱 더 헌 **高兴得很。** Gāoxing de hěn.	

02 너무 이르다.	짜오 더 헌 **早得很。** Zǎo de hěn.	

03 더워 죽을 지경이다.	러 더 야오 밍 **热得要命。** Rè de yàoming.	

04 심하게 아프다.	퉁 더 리 하이 **痛得厉害 。** Tòng de lìhai. 퉁　　　　텅 (痛 tòng = 疼 téng 아프다)	

05 참을 수 없을 정도로 맵다.	라 더 부 싱 **辣得不行。** Là de bù xíng.	

정도보어

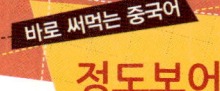

🎧 Track 64

01 뛰느라 땀이 다 났어요.

워 더우파오 더 추 한 러
我都跑得出汗了。
Wǒ dōu pǎo de chū hàn le.

02 천천히 좀 말씀하세요.

칭 숴 더 만 이 뎬
请说得慢一点。
Qǐng shuō de màn yìdiǎn.

03 이차는 (기름은) 적게 먹고 속도는 빨라요.

저 부 처 츠 더 사오 파오 더 콰
这部车吃得少、跑得快。
Zhè bù chē chī de shǎo, pǎo de kuài.
저 부 처   저 량   처
(这部车 = 这辆 liàng 车)

04 오늘 정말 예쁘게 입으셨네요.

니 진 톈 촨 더 헌 퍄오 량
你今天穿得很漂亮。
Nǐ jīntiān chuān de hěn piàoliang.

05 예쁘게 생기면 뭐하냐?

장 더 퍄오 량 유 선 머 용
长得漂亮有什么用?
Zhǎng de piàoliang yǒu shénme yòng?

06 노래를 정말 잘 하시네요!

니 더 거 창 더 전 브 춰
你的歌唱得真不错。
Nǐ de gē chàng de zhēn búcuò.

07 너무 일찍 기뻐하지 마세요!

볘 가오 싱 더 타이 짜오
别高兴得太早!
Bié gāoxìng de tài zǎo!

08 시간이 너무 이른데!

스 졘 짜오 더 헌
时间早得很!
Shíjiān zǎo de hěn!

09 아우! 날씨 진짜 더워 죽겠다.

톈 치 커 전 스 러 더 야오 밍
天气可真是热得要命。
Tiānqì kě zhēnshi rè de yàoming.

10 월급은 안 오르는데 물가는 올라요.

궁 쯔 메이 장   우 쟈 장 더 리 하이
工资没涨, 物价涨得厉害。
Gōngzī méi zhǎng, wùjià zhǎng de lìhai.

11 난 더 이상 졸려서 못 참겠어요.

워 스 짜이스 쿤 더 부 싱 러
我实在是困得不行了。
Wǒ shízài shì kùn de bù xíng le.

12 오늘 힘들어서 못 견디겠어.
기운이 없네!

진 톈 레이 더 부 싱 러 메이 질
今天累得不行了, 没劲儿。
Jīntiān lèi de bù xíng le, méi jìnr.

13 "작은 이익을 탐내다가 큰 손해를 본다."는 속담이 정말 옳다.

쑤 화 숴 더 하오 탄 샤오 펜 이 츠 다 쿠이
俗话说得好, 贪小便宜吃大亏。
Súhuà shuō de hǎo, tān xiǎo piányi chī dàkuī.

TEST

다음은 동작의 모습이 어떤지를 설명하는 표현입니다. 우리말을 참고로 괄호 안에 단어를 쓰세요.

🎧 Track **65**

01 （　）得快。 　　　　　빨리 달리다

02 （　）得快。 　　　　　빨리 걷다.

03 （　）得（　）。 　　　　천천히 말하다.

04 说得（　）。 　　　　　옳은 말이다.

05 （　）得（　　）。 　　　예쁘게 생기다.

06 饭（　）得很（　）。 　　밥을 배불리 먹다.

07 衣服（　）得很（　　）。 옷을 예쁘게 입다.

08 高兴得（　）。 　　　　매우 기쁘다.

09 （　）得要命。 　　　　더워 죽을 지경이다.

10 痛得（　　）。 　　　　심하게 아프다.

Answer

01 跑 pǎo
_{파오}

02 走 zǒu
_{쩌우}

03 说 shuō / 慢 màn
_쉬 _만

04 好 hǎo
_{하오}

05 长 zhǎng / 漂亮 piàoliang
_장 _{파오 량}

06 吃 chī / 饱 bǎo
_츠 _{바오}

07 穿 chuān / 漂亮 piàoliang
_촨 _{파오 량}

08 很 hěn
_헌

09 热 rè
_러

10 厉害 lìhai
_{리 하이}

발음이 같아도 성조에 따라 글자와 의미가 달라질 수 있어 의사소통에서
중요한 성조! 오늘은 2성으로 시작하는 단어를 볼까요?

传播 chuánbō 전파하다
_{촨 보}

船舶 chuánbó 선박
_{촨 보}

国庆 guóqìng 국경일
_{궈 칭}

国情 guóqíng 나라의 정세
_{궈 칭}

Day 26

맘 잡고 공부시작!

방향과 위치

오늘은 공부 시작 26일째! 정말 대단해! **佩服佩服! Pèifú pèifú! 我真佩服你的**
페이 푸 페이 푸   워 전 페이 푸 니 더
耐心啊! Wǒ zhēn pèifú nǐ de nàixīn a! 정말로 여러분의 인내심에 탄복했습니
나이 신 아
다. 오늘은 "교실 안으로 뛰어 들어가다"와 같이 동작의 방향성을 설명해주는
내용을 공부할게요.

방향보어 기본 표현

🎧 Track 66

▶ 1형식 : V + 来 ^{라이} lái / 去 ^취 qù

▶ 2형식 : V + ┌─────────────────────────────┐ + (来 / 去) ^{라이} ^취

上 ^상 shàng 오르다 / 下 ^샤 xià 내려오다 / 进 ^진 jìn 안으로 들다
出 ^추 chū 나오다 / 回 ^{후이} huí 돌아 오다 · 돌아 가다
过 ^궈 guò 지나다 / 起 ^치 qǐ 일어나다 (起去 ✕)

来 : 동작을 통해 사람 · 사물이 나에게로 다가옴.

去 : 동작을 통해 사람 · 사물이 나에게서 멀어짐.

---

01 上来 ^{상 라이} 올라오다
shànglái

上去 ^{상 취} 올라가다
shàngqù

02 下来 ^{샤 라이} 내려오다
xiàlái

下去 ^{샤 취} 내려가다
xiàqù

03 出来 ^{추 라이} 나오다
chūlái

出去 ^{추 취} 나가다
chūqù

04 回来 ^{후이 라이} 돌아오다
huílái

回去 ^{후이 취} 돌아가다
huíqù

05 进来 ^{진 라이} 들어오다
jìnlái

进去 ^{진 취} 들어가다
jìnqù

06 上 ^상 shàng
오르다(동작이 위로 향함)

走上去 ^{쩌우 상 취} 걸어 올라가다
zǒu shàngqù

跳上来了。 ^{탸오 상 라이 러} 점프해 뛰어올랐다.
Tiào shànglái le.

07 下 xià
샤
내려오다(동작이 아래로 향함)

放下去 (물건을) 내려놓다
팡 샤 취
fàng xiàqù

坐下来 앉다
쭤 샤 라이
zuò xiàlái

08 进 jìn
진
안으로 들다
(동작이 안으로 향함)

跑进来 (안으로) 뛰어 들어오다
파오 진 라이
pǎo jìnlái

放进去 (안으로) 집어넣다
팡 진 취
fàng jìnqù

09 出 chū
추
나오다(동작이 밖으로 향함)

拿出来 안에서 밖으로 꺼내다
나 추 라이
ná chūlái

走出去 걸어서 밖으로 나가다
쩌우 추 취
zǒu chūqù

10 回 huí
후이
돌아 오/가다(동작이 돌아옴)

开回来 (차를) 다시 몰고 오다
카이 후이 라이
kāi huílái

搬回去 (물건을) 다시 제자리로 옮겨놓다
반 후이 취
bān huíqù

11 过 guò
궈
지나다(건너는 의미)

飞过去 (물체가) 날아서 지나가다
페이 궈 취
fēi guòqù

拿过来 (물건을) 가져오다
나 궈 라이
ná guòlái

12 起 qǐ (起去 ×)
치
일어나다(아래에서 위로 향함)

站起来 일어나다
잔 치 라이
zhàn qǐlái

위치 설명

01 다녀왔습니다.

워 후이라이 러
我回来了。
Wǒ huílái le.

02 그는 회사(집)로 돌아갔습니다.

타 후이 궁 쓰 취 러　(자)
他回公司去了。(家)
Tā huí gōngsī qù le. (jiā)

03 (위층으로) 올라가세요.

니 상러우 취 바
你上楼去吧。
Nǐ shàng lóu qù ba.

04 (위층으로) 걸어서 올라갑니다.

쩌우 상 러우 취 바
走上楼去吧。
Zǒu shàng lóu qù ba.

05 우리 나가서 좀 걷죠.

워 먼 추 취 쩌우쩌우 바
我们出去走走吧。
Wǒmen chūqù zǒuzou ba.

06 앉아서 얘기 하시죠.

쭤 샤라이 탄 탄
坐下来谈谈。
Zuò xiàlái tántan.

07 그녀는 울면서 밖으로 뛰어나갔어요.

타 쿠 저 파오 추 취 러
她哭着跑出去了。
Tā kūzhe pǎo chūqù le.

08 차를 (거기에 두고) 몰고 오지 않았어요.

워 더 처 메이카이후이라이
我的车没开回来。
Wǒ de chē méi kāi huílái.

09 나한테 가져다 줘!

나 궈 라이게이 워
拿过来给我。
Ná guòlái gěi wǒ.

10 일어나세요!

칭 잔 치 라이
请站起来!
Qǐng zhàn qǐlái!

11 돈을 벌려면 체면을 버려야 해요.

좐 첸 야오 팡 샤 몐 즈
赚钱要放下面子。
Zhuàn qián yào fàngxià miànzi.

TEST

다음은 동작의 방향을 설명하는 표현입니다.
우리말을 참고로 괄호 안에 단어를 쓰세요.

🎧 Track 68

01 走(　　)　　　　　　　　걸어서 올라가다

02 跑(　　)　　　　　　　　(안으로) 뛰어 들어오다

03 放(　　)　　　　　　　　(안으로) 집어넣다

04 走(　　)　　　　　　　　걸어서 밖으로 나가다

05 放(　　)　　　　　　　　(물건을) 내려놓다

06 坐(　　)　　　　　　　　앉다

07 开(　　)　　　　　　　　(차를) 다시 몰고 오다

08 拿(　　)　　　　　　　　안에서 밖으로 꺼내다

09 飞(　　)　　　　　　　　(비행 물체가) 날아서 지나가다

10 (　　)起来　　　　　　　일어나다

Answer

01 ^상 ^취
上去 shàngqù

02 ^진 ^{라이}
进来 jìnlái

03 ^진 ^취
进去 jìnqù

04 ^추 ^취
出去 chūqù

05 ^샤 ^취
下去 xiàqù

06 ^샤 ^{라이}
下来 xiàlái

07 ^{후이라이}
回来 huílái

08 ^추 ^{라이}
出来 chūlái

09 ^궈 ^취
过去 guòqù

10 ^잔
站 zhàn

발음이 같아도 성조에 따라 글자와 의미가 달라질 수 있어 의사소통에서

중요한 성조!

오늘은 3성이 들어가는 단어를 볼까요?

즈 다오
指导 zhǐdǎo 지도하다

즈 다오
知道 zhīdao 알다

거 취
歌曲 gēqǔ 곡, 노래

궈 취
过去 guòqù 과거, 지나가다

Day 27

맘 잡고
공부시작!

동작의 횟수와 기간 표현

공부 시작 27일째! 오늘은 "한 번 간 적 있다", "5분 동안 말하다"와 같이 동작의 횟수나 기간을 나타내는 표현에 대해 공부할게요. '동사' 다음에 동작의 횟수나 기간을 넣어 표현합니다. 자~ 그럼 시작할게요!

동작의 횟수와 기간

🎧 Track **69**

01 한 번 간 적 있어요.

취 궈 이 츠
去过一次。
Qù guo yí cì.

츠
(次 cì 번, 동작의 횟수)

02 중국에 몇 번 가봤습니다.

중 궈   워 취 궈 지 츠
中国, 我去过几次。
Zhōngguó, wǒ qù guo jǐ cì.

03 우리 한 번 만난 적 있습니다.

워 먼 젠 궈 이 츠 (몐)
我们见过一次(面)。
Wǒmen jiàn guo yí cì (miàn).

04 이 영화 나 두 번 봤어요.

저 부 뎬 잉 워 칸 러 량 뼨
这部电影我看了两遍。
Zhè bù diànyǐng wǒ kàn le liǎng biàn.

뼨
(遍 biàn 번, 처음부터 끝까지 진행된 동작)

05 다시 한 번 말씀해 주세요.

칭 짜이 쉬 이 뼨
请再说一遍。
Qǐng zài shuō yí biàn.

06 그는 이틀 간 쉬었습니다.

타 슈 시 러 량 톈
他休息了两天。
Tā xiūxi le liǎng tiān.

07 나는 이틀간 휴가를 냈어요.

워 칭 러 량 톈 쟈
我请了两天假。
Wǒ qǐng le liǎng tiān jià.

08 상하이에 온 지 보름이 됐어요.

워 라이 상 하이 반 거 웨 러
我来上海半个月了。
Wǒ lái Shànghǎi bàn ge yuè le.

09 나는 중국어를 일 년간 배웠습니다.
(지금은 배우지 않음)

워 쉐 중 원 쉐 러 이 녠
我学中文学了一年。
Wǒ xué Zhōngwén xué le yì nián.

(= 워 쉐 러 이 녠 더 한 위)
(=我学了一年的汉语。)
Wǒ xué le yì nián de Hànyǔ.

10 나는 중국어를 일 년째 배우고
있어요. (지금도 배우고 있음)

워 쒜 중 원 쒜 (러) 디 녠 러
我学中文学(了)一年了。
Wǒ xué Zhōngwén xúé (le) yì nián le.
중 원　　　　　한 위
(中文 Zhōngwén = 汉语 Hànyǔ 중국어)

11 중국어를 저는 일 년째 배우고
있어요.

한 위　워 쒜 러 이 녠 러
汉语，我学了一年了。
Hànyǔ, wǒ xué le yì nián le.

12 하루에 한 끼만 먹어요.

이 톈 즈 츠 이 둔 판
一天只吃一顿饭。
Yì tiān zhǐ chī yí dùr fàn.

13 나는 하루에 여덟 시간
일합니다(잡니다).

워 이 톈 궁 쭤 바 거 샤오 스　(쒜이)
我一天工作八个小时。(睡)
Wǒ yì tiān gōngzuò bā ge xiǎoshí. (shuì)

14 꾸중 들었어요.

워 베이 마 러 이 둔
我被骂了一顿。
Wǒ bèi mà le yí dùr.

15 상사(마누라)한테 혼났어요.

워 베이 상 쓰 마 러 ○ 둔　(라오 포)
我被上司骂了一顿。(老婆)
Wǒ bèi shàngsī mà le yí dùn. (lǎopo)

16 잠시만 기다리세요.

칭 덩 이 훨
请等一会儿。
Qǐng děng yí huìr.

17 우리 결혼한 지 일 년 됐어요.

워 먼 제 훈 이 녠 러
我们结婚一年了。
Wǒmen jié hūn yì nián le.

18 결혼한 지 일 년이 아직
안됐어요.

제 훈 하이 부 다오 이 녠
结婚还不到一年。
Jié hūn hái bú dào yì nián.

19 저 두 사람 헤어진 지
삼 개월 됐어요.

타 량 펀 셔우 싼 거 웨 러
他俩分手三个月了。
Tā liǎ fēn shǒu sān ge yuè le.

20	나 대학 졸업한 지 사 년 됐어요.	워 다 쉐 비 에 쓰 녠 러 **我大学毕业四年了。** Wǒ dàxué bì yè sì nián le.
21	수술은 세 시간 넘게 진행됐어요.	셔우 수 진 싱 러 싼 거 둬 샤오 스 **手术进行了三个多小时。** Shǒushù jìnxíng le sān ge duō xiǎoshí.
22	한 이 년 일하고 대학원을 다니고 싶어요.	워 샹 궁 쭤 량 녠 허우짜이 취 두 옌 **我想工作两年后再去读研。** Wǒ xiǎng gōngzuò liǎngnián hòu zài qù dúyán.
23	전처와 이혼한 지 이 년 됐습니다.	허 쳰 치 리 훈 이 징 량 녠 러 **和前妻离婚已经两年了。** Hé qiánqī lí hūn yǐjīng liǎng nián le.
24	우리는 칠 년간 연애했고 결혼은 아직 안했어요.	워 먼 롄 아이 치 녠 하이메이 유 졔 훈 **我们恋爱七年, 还没有结婚。** Wǒmen liàn'ài qī nián, hái méiyǒu jié hūn.
25	하루 한 번 은행에 다녀와요.	메이 톈 취 이 탕 인 항 **每天去一趟银行。** Měitiān qù yí tàng yínháng. 탕 (趟 tàng 오가는 횟수)
26	한 번 다녀오기가 쉽지 않네요.	취 이 탕 하이 전 부 룽 이 **去一趟还真不容易。** Qù yí tàng hái zhēn bù róngyì.

TEST

다음은 동작의 횟수와 시간을 설명하는 표현입니다.
우리말을 참고로 괄호 안에 단어를 쓰세요.

🎧 Track 70

01 中国, 我去过(　　　)。　　　　중국에 몇 번 가봤습니다.

02 我们见过(　　　)面。　　　　　우리 한 번 만난 적 있습니다.

03 这部电影我看了(　　　)。　　　이 영화 나 두 번 봤어요.

04 请再说(　　　)。　　　　　　　다시 한 번 말씀해 주세요.

05 我(　)了两天(　)。　　　　　나는 이틀간 휴가를 냈어요.

06 我来上海(　　　　)了。　　　상하이에 온 지 보름이 됐어요.

07 我(　)中文(　)了一年。　　나는 중국어를 일 년간 배웠습니다.

08 汉语, 我学了(　　　　)。　　중국어를 지는 일 년째 배우고 있어요.

09 一天只吃(　　　)饭。　　　　하루에 한 끼만 먹어요.

10 我一天工作(　　　)小时。　　나는 하루에 여덟 시간 일합니다.

Answer

01 几次 jǐ cì
지 츠

02 一次 yí cì
이 츠

03 两遍 liǎng biàn
량 삐엔

04 一遍 yí biàn
이 삐엔

05 请 qǐng / 假 jià
칭 / 쟈

06 半个月 bàn ge yuè
빤 거 웨

07 学 xué / 学 xué
쒜 / 쒜

08 一年了 yì nián le
이 녠 러

09 一顿 yí dùn
이 뚠

10 八个 bā ge
빠 거

발음이 같아도 성조에 따라 글자와 의미가 달라질 수 있어 의사소통에서 중요한 성조! 이와 더불어 한어병음에서 성모와 운모의 발음도 중요한데요.

오늘은 4성이 들어가는 단어를 볼까요?

모 쓰 커
莫斯科 Mòsīkē 모스크바

모 시 거
墨西哥 Mòxīgē 멕시코

즈 파오
支票 zhīpiào 수표

지 파오
机票 jīpiào 항공티켓

지 저
记者 jìzhě 기자

지 제
季节 jìjié 계절

Day 28

처치해 버려!

공부 시작 28일째! 마지막까지 열심히 달려오셨습니다. 정말 고생 많으셨습니다. **您辛苦了!** Nín xīn kǔ le! **您把汉语学会了**。 Nín bǎ Hànyǔ xuéhuì le. 중국어를 마스터하셨습니다. **您把汉语学好了**。 Nín bǎ Hànyǔ xuéhǎo le. 중국어를 완벽하게 배웠습니다. **恭喜!** Gōngxǐ! 축하드립니다! 자~ 오늘 마지막 수업시간에는 "처치해 버려!" '~을 …처치하다'라는 뜻을 가진 '**把** bǎ'자 문장 '처치문'에 대해 공부합니다.

'把'자 문장

표현방법

칸 완 샤오 숴 러
看完小说了。Kànwán xiǎoshuō le. 소설책을 다 읽다.

동사 + 목적어

⬇

바 샤오 숴 칸 완 러
把小说看完了。Bǎ xiǎoshuō kànwán le.

把 + 목적어 + 동사 + 부가성분

---

01 문 좀 닫아 주세요.

칭 바 먼 관 상
请把门关上。
Qǐng bǎ mén guānshàng.

---

02 옷을 입어요.

바 이 푸 촨 상
把衣服穿上。
Bǎ yīfu chuānshàng.

---

03 음악(볼륨)을 조금 줄여주세요.

바 인 웨 관 샤오 이 뎬
把音乐关小一点。
Bǎ yīnyuè guān xiǎo yìdiǎn.

---

04 텔레비전 소리를 조금 줄여주세요.

바 뎬 스 성 인 관 샤오 이 뎬
把电视声音关小一点。
Bǎ diànshì shēngyīn guān xiǎo yìdiǎn.

---

05 볼륨을 조금 크게 해주세요.

바 성 인 팡 다 이 뎬
把声音放大一点。
Bǎ shēngyīn fàng dà yìdiǎn.

---

06 쓰레기를 가져가 주세요.

칭 바 라 지 다이 쩌우
请把垃圾带走。
Qǐng bǎ lājī dài zǒu.

---

07 고민을 말씀해 보세요!

칭 바 판 나오 숴 추 라이
请把烦恼说出来!
Qǐng bǎ fánnǎo shuō chūlái!

---

08 확실하게 얘기해 보자고요.

바 스 칭 장 칭 추
把事情讲清楚。
Bǎ shìqing jiǎng qīngchu.

09	기름을 가득 넣어주세요.	칭 바 유 자 만 请把油加满。 Qǐng bǎ yóu jiā mǎn.
10	돈(책)을 저에게 돌려주세요.	바 첸 환 게이 워 　(슈) 把钱还给我。(书) Bǎ qián huángěi wǒ. (shū)
11	휴대폰을 진동(무음)으로 하세요.	바 셔우 지 탸오 청 전 둥 　(징 인) 把手机调成震动。(静音) Bǎ shǒujī tiáo chéng zhèndòng. (jìngyīn)
12	컴퓨터를 잘 설치하다.	바 뎬 나오 안 쫭 하오 把电脑安装好。 Bǎ diànnǎo ānzhuāng hǎo.
13	이거 다 드세요!	바 타 츠 완 把它吃完! Bǎ tā chīwán!
14	내가 케이크를 다 먹었어요.	워 바 단 가오 츠 완 러 我把蛋糕吃完了。 Wǒ bǎ dàngāo chīwán le.
15	일을 잘 처리하세요.	바 궁 쭤 쮀 하오 把工作做好。 Bǎ gōngzuò zuòhǎo.
16	리포트를 잘 고치세요.	바 바오가오 슈 가이하오 把报告修改好。 Bǎ bàogào xuīgǎi hǎo.
17	술 다 마신 뒤에 얘기해요.	바 주 허 완 짜이 쉬 把酒喝完再说。 Bǎ jiǔ hēwán zài shuō.
18	술을 다 마시지 않았어요.	메이 유 바 주 허 완 没有把酒喝完。 Méiyǒu bǎ jiǔ hēwán.
19	방 청소를 좀 하다.	바 팡 졘 다 싸오 이 샤 把房间打扫一下。 Bǎ fángjiān dǎsǎo yíxià.

20 물건을 좀 치워주세요.

칭 바 둥 시 칭 리 이 샤
请把东西清理一下。
Qǐng bǎ dōngxi qīnglǐ yíxià.

21 (고함을 질러서) 목이 쉬었어요.

바 상 쯔 한 야 러
把嗓子喊哑了。
Bǎ sǎngzi hǎnyǎ le.

22 물건을 안으로 들여놓다.
(물건을 수령해 가다)

바 둥 시 나 진 취 　　(링 쩌우)
把东西拿进去。(领走)
Bǎ dōngxi ná jìnqu. (lǐngzǒu)

23 물건을 환불했다.

바 휘 투이댜오 　　 바 후 투이 러
把货退掉。/ 把货退了。
Bǎ huò tuìdiào. / Bǎ huò tuì le.

24 돈은 어디에 둘까요?

바 첸 팡 짜이 나 리
把钱放在哪里?
Bǎ qián fàngzài nǎli?

25 컴퓨터 파일을 휴대폰으로
옮기다.

바 뗸 나오 상 더 원 졘 상 촨 다오셔우 지
把电脑上的文件上传到手机。
Bǎ diànnǎo shang de wénjiàn shàngchuán dào
shǒujī.

26 업무상의 스트레스를 집으로
가져가지 마세요.

부 야오 바 궁 쭤 상 더 야 리 다이후이 쟈
不要把工作上的压力带回家。
Búyào bǎ gōngzuò shàng de yālì dài huí jiā.

27 천천히 드세요. 식사 다 하세요.
기다릴게요.

만 만 츠 　 바 판 츠 완 　 워 덩 니
慢慢吃，把饭吃完，我等你。
Mànmān chī, bǎ fàn chīwán, wǒ děng nǐ.

28 술을 한숨에 다 비웠어요.

이 커우 치 바 주 게이 간 러 　 (= 허 완 러)
一口气把酒给干了。(=喝完了)
Yì kǒuqì bǎ jiǔ gěi gān le. (=hēwán le)

TEST

다음은 처치를 설명하는 표현입니다.
우리말을 참고로 괄호 안에 단어를 쓰세요.

🎧 Track 72

01 请把门关( )。   문 좀 닫아 주세요.

02 把衣服穿( )。   옷을 입어요.

03 ( )电视声音关( )一点。   텔레비전 소리를 조금 줄여주세요.

04 请把垃圾带( )。   쓰레기를 가져가 주세요.

05 请把油加( )。   기름을 가득 넣어주세요.

06 把声音放( )一点。   볼륨을 조금 크게 해주세요.

07 把钱( )给我。   돈을 저에게 돌려주세요.

08 把手机调( )静音   휴대폰을 무음으로 하세요.

09 把工作做( )。   일을 잘 처리하세요.

10 把它吃( )!   이거 다 드세요!

Answer

01 上 ^상 shàng

02 上 ^상 shàng

03 把 ^바 bǎ / 小 ^{샤오} xiǎo

04 走 ^{쩌우} zǒu

05 满 ^만 mǎn

06 大 ^다 dà

07 还 ^환 huán

08 成 ^청 chéng

09 好 ^{하오} hǎo

10 完 ^완 wán

중국어에는 1성부터 4성까지의 성조 외에 경성이라는 성조가 있어요.
경성(輕聲)은 가볍게 발음하는 글자를 말하는데요, 주로 명사나 감정을 나타
내는 조사 등에 많이 사용합니다. 다음의 경우에는 모두 경성으로 발음되죠.

▶ 접미사

니 먼
你们 nǐmen 당신들

워 먼
我们 wǒmen 우리들

하이 즈
孩子 háizi 아이

줘 즈
桌子 zhuōzi 책상

▶ 중첩 표현된 단음절 명사

바 바
爸爸 bàba 아빠

마 마
妈妈 māma 엄마

▶ 어감을 나타내는 조사

츠 러
吃了 chī le 먹었다

쩌우 바
走吧 zǒu ba 갑시다

▶ 사이에 낀 '一'와 '不'

칸 이 칸
看一看 kàn yi kàn 좀 보다

라이 부 라이
来不来? lái bu lái 옵니까?